孙小荣

资深媒体人、策划人

中国旅游改革发展咨询委员会委员

原凤凰网旅游频道主编

"孙小荣•工作室"创始人

担任多个省市及企业的旅游发展顾问

致力于中国旅游发展的观察和研究，在

旅游品牌营销策划、区域旅游创新发展

深度研究、全媒体整合营销等领域提供

新视野和新价值，开创了集专业性、新

闻性、文学性于一体的中国旅游深度观

察、解读及研究性报道，深受业界好评。

"孙小荣•工作室"运营的微信公众号

"小荣说"已成为中国旅游业界深具影

响力的自媒体之一。

小荣说 II

中国旅游"515战略"
系列访谈录

孙小荣 / 著

新华出版社

图书在版编目（CIP）数据

中国旅游"515战略"系列访谈录 / 孙小荣著.

--北京：新华出版社，2017.1

ISBN 978-7-5166-3105-8

Ⅰ．①中… Ⅱ．①孙… Ⅲ．①旅游业发展－发展战略

－中国－文集 Ⅳ．①F592.3-53

中国版本图书馆CIP数据核字（2017）第032023号

中国旅游"515战略"系列访谈录

作　　者：孙小荣

责任编辑：赵怀志　　　　　　　**责任印刷：**廖成华

责任校对：刘保利　　　　　　　**设计排版：**大象群

策划机构：孙小荣工作室

出版发行：新华出版社

地　　址：北京石景山区京原路8号　　　邮　　编：100040

网　　址：http://www.xinhuapub.com

经　　销：新华书店、新华出版社天猫旗舰店、京东旗舰店及各大网店

购书热线：010-63077122　　　　中国新闻书店购书热线：010-63072012

照　　排：臻美书装

印　　刷：北京凯达印务有限公司

成品尺寸：140mm×200mm

印　　张：9.75　　　　　　　　　字　　数：170千字

版　　次：2017年3月第一版　　　印　　次：2017年3月第一次印刷

书　　号：ISBN 978-7-5166-3105-8

定　　价：49.00元

目录 | CONTENTS

讲好旅游故事，传播旅游好声音

李金早

国家旅游局 局长

当前，我们面临着两大时代：一个是大众旅游时代，一个是大众传播时代。旅游产业既是一个综合性的产业，更是一个综合性的媒介，直观地传播一个国家和地区的文明形象，展示国民的文明素养和精神风貌。旅游传播是发现美、传播美、分享美的重要途径，也是旅游工作的核心之一。

随着旅游业成为新的消费热点，全域旅游发展理念深入人心，旅游业正成为我国进行供给侧改革，保增长、调结构、促转型、惠民生的重要领域。我们迫切需要适应大众旅游时代，采用大众传播时代的新宣传渠道与方式，引领行业方向，树立产业形象，传递社会导向，服务旅游行业和社会发展需要，服务广大游客。

国家旅游局先后通过设立"全国优秀旅游新闻奖"、成立中国旅游新闻宣传平台、召开年度旅游宣传工作会议等方式，与社会媒体进行广泛交流与合作，遵循新闻传播规律，创新方法手段，创新传播方式，促进我国旅游宣传水平的提升，更好地服务于国家发展大局。

"515战略"实施以来，以构建"文明、有序、安全、便利、富民强国"发展格局为引领的系列创新举措，得到了全社会的广泛认同。各地都在因地制宜推动旅游业的创新与发展以主动适应经济发展趋势，推进现代旅游产业发展，培育旅游经济增长点，为推动经济发展提质增效升级、人民群众生活水平跃升做出新贡献，也涌现出具有开创性和可操作性的地方实践经验，为中国旅游产业的改革与发展探索出新出路和新模式。

社会媒体在探讨新问题、观察新现象、梳理新模式、传播新经验方面，做出了功不可没的贡献，也涌现出了一批优秀的媒体人，他们以自己独特的视角和出众的才华，观察和记录着中国旅游的大变革，为中国旅游的繁荣与发展输送着先进的思想和创新经验，推动旅游业融合共享与健康发展。

小荣就是一位优秀的媒体人，一位忠实的记录者。他身体力行，积极参与"515战略"实施以来旅游界重大变革的观察和研究，笔耕不辍，以新闻报道、解读评论、研究性专题、系列访谈等多种形式，创作了数十万字高质量的作品，深受业界好评。

小荣作品有三个特点：第一是反应快，这是他的勤奋使然；第二是观点准，总是能找到新闻爆点和价值核心，有自己独立的研究和思考，这使得他的作品总是与众不同；第三是有看头，能够读下去，这是因为小荣的作品不是就事论事，而是肯挖掘前因后果的发展逻辑，善于讲故事，有观点、有情感、有自己的态度，这使得他的作品不拘一格，既有专业性，又有新闻性和文学性，可读性强。

《中国旅游"515战略"系列访谈录》是小荣用一年的时间走访各省区市旅游委主任／旅游局局长及部分业界专家，进行深度访谈后的作品集，以"口述"的方式，立体化展示"515战略"落地实施以来各省区（直辖市）取得的阶段性成果和工作亮点，记录地方旅游部门管理者及业界专家对新时期、新形势下中国旅游深化改革发展的敏锐洞察和解读，其中不乏优秀的地方创新模式背后的故事与经验，对于总结"515战略"推行的阶段性成果及省区市之间经验的交流具有重要价值。

当前，我国旅游产业正处在高速发展期，也是矛盾凸显期。大众旅游时代，更需要大众传播。互联网时代的媒体人，更需要有深度意识和独立思考精神，为推动国家战略及相关旅游政策的落地，传递旅游市场的新现象和新趋势，促进地方创新实践经验的互通与交流，讲好中国旅游故事，传播中国旅游好声音，做出更大的贡献。

第一部分 背景

小葵说

李金早和他的"515"治旅方略

截至 1 月 15 日，新任国家旅游局局长李金早还是个神秘人物。

上任两个多月来，李金早除了在出席旅游重大活动和会议时做过几次简短讲话，从未接受媒体专访，也并没有对中国当下及未来的旅游产业发展做出明确而系统的战略部署。

中国旅游经过 35 年的飞跃式发展，取得了一些成绩，在转型期，面对严峻的新形势，也存在许多亟待解决的问题。市场的敏感性在不断地孕育新趋势，国家战略的导向性不断地提升旅游的重要性，专家言论的主观性在不断地营造迫切的发展氛围。

面对喜忧参半、复杂多变的中国旅游，有人高歌猛进，有人悲观失望，有人左右漂移，置身其中，纷乱聒噪。

从整个旅游行业而言，万众渴望中国旅游领航者说真话、干实事儿，能够对当下的中国旅游进行深入客观的解读，拨开云雾见真颜，明确未来的发展该何去何从。

今天，在 2015 全国旅游工作会议上，李金早用 2 万多字， 两个多小时的报告，宣告了他对中国旅游产业独特的认知和未来的发展构想，其统揽全局、分风劈流的讲话中，提出了许多别开生面的新话题、新思想和新玩法，深得现场旅游业各界人士的共鸣和点赞。中国旅游在新起点上，终于有了明朗的时间表和线路图。

李金早在尊重中国旅游已有成绩的基础上，对中国旅游产业进行了深刻的自我解读及全新定位；提出当下富有争议性的 5 大旅游热点话题，并进行深度剖析，确立正确的认知导向；明确今后 3 年，中国旅游产业构建"文明、有序、安全、便利、富民强国"发展格局的"5 大目标，10 大行动，52 项举措"，以主动适应经济发展新常态，推进现代旅游产业发展，培育旅游经济增长点，为推动经济发展提质增效升级、人民群众生活水平跃升做出新贡献。

据国家旅游局副局长杜一力透露，这是李金早上任两个多月来对中国旅游进行深度、系统的调研和摸底，期间跟旅游相关部门领导、行业专家、各省市旅游局、优秀旅游企业代表等经过多次内部研讨论证，悉心听取意见后最终形成的"治旅方略"。

对中国旅游产业发展现状的再认识

李金早在讲话中回顾并肯定了中国旅游产业发展35年来取得的成绩。他认为，改革开放35年来，中国经济社会发生了翻天覆地的巨变。中国旅游业从无到有、从小到大，实现了从"短缺型旅游发展中国家"向"初步小康型旅游大国"的历史性跨越。

2014年，中国旅游业实现了平稳增长。预计国内旅游约36亿人次，增长10%；入境旅游1.28亿人次，下降1%；出境旅游首次突破1亿人次大关，达到1.09亿人次。全年旅游总收入约为3.25万亿元，增长11%。

在肯定成绩的同时，李金早强调，也要清醒地认识到旅游业发展仍然面临许多严峻挑战，存在许多亟待解决的问题，集中体现在以下几个方面：

旅游市场秩序问题突出尚没有得到根本解决，有些地方旅游市场乱象丛生，甚至存在黑恶势力的影响，人民群众对此反应强烈；

旅游不文明现象时有发生，严重损害了国家和民族的形象；

旅游厕所还达不到游客的要求，与国际标准还有很大差距，脏、乱、差的现象仍然存在，旅游公共服务基础设施建设滞后；

各级政府对旅游业的支持力度有待进一步加强，财政、金融促进旅游产业的抓手不多；

旅游涉外纠纷日益增加，旅游大外交格局还没有形成，中国拥有庞大的入出境旅游市场规模但还没有相应的国际话语权；

旅游管理体制不顺，"小马拉大车"的矛盾还比较突出；旅游部门和旅游社会管理信息化水平很低，远远不适应互联网时代的要求。

除此之外，"旅游基础研究薄弱、旅游统计严重滞后、旅游人才支撑不足等问题也很突出。"这些都是中国旅游亟待攻克的难题。

对新常态下旅游业发展的再认识

在过去的 35 年，我们一边批判着以 GDP 增长为衡量标准的急功近利发展模式，一边被粗放式增长的洪流挟裹着参与其中，谁都有理由认为自己是清醒者，其实每个人都是"急功近利"的积极践行者。

"冰冻三尺非一日之寒"，任何的发展都要经历一个渐进的过程。我们不能指望中国旅游产业一步迈入万事皆佳，一夜成为"旅游强国"。我们需要在明确目标的同时，给理想一点时间。

李金早强调，"要深刻认识经济发展新常态下的旅游业，就有必要以更长的时间跨度去观察、分析和把握旅游业发展。"他认为，旅游业正在成为新常态下新的增长点，与传统增长点及其他新增长点相比，概括起来主要有九个新：

旅游业是资源消耗低、环境友好型、生态共享型的新增长点；是消费潜力大、消费层次多、持续能力强的新增长点；是消费、投资、出口三驾马车融为一体的新增长点；是就业容量大、层次多样、类型丰富、方式灵活的新增长点；是带动全方位开放、推进国际化发展的新增长点；是增强国民幸福感、提升健康水平、促进社会和谐的新增长点；是优化区域布局、统筹城乡发展、促进新型城镇化的新增长点；是促进脱贫致富、实现共同小康的新增长点；是新的经济社会组织方式，是有助于提高全社会资源配置效率，有利于应对各种经济危机的新增长点。

展望未来 35 年，李金早认为，中国将由大到强、由快到好，实现从"初步小康型旅游大国"到"全面小康型旅游大国"，再到"初步富裕型旅游强国"的新跨越。并分两个节点提出明确目标：

到 2020 年，从"初步小康型旅游大国"迈向"全面小康型旅游大国"，年人均出游次数到 5 次以上，达到中等发达国家水平，中国旅游业在规模、质量、效益上都达到世界旅游大国水平。

到 2050 年，中国成为"初步富裕型国家"，实现从"全面小康型旅游大国"到"初步富裕型旅游强国"的新跨越，年人均出游达 10 次以上。中国旅游发展质量、水平、效益、综合竞争力、旅游文明程度等达到世界发达国家前列，全面实现旅游现代化、国际化、信息化和品质化。形成一批世界级旅游城市、世界级旅游企业、世界级旅游目的地，世界级旅游景区、世界级旅游院校、世界级旅游专家，形成一批世界旅游品牌。

对五大争议性话题的再定义

随着中国旅游的深化发展，对国民经济及幸福感的提升作用越来越明显，对于区域发展及人民生活的渗透越来越深入。新时期，对于旅游产业的定位及某些提法更需要高端站位，才能在意识层面发挥积极的聚合作用。李金早在报告中强调，需要理清一些观点和说法。

一、旅游不仅是软实力，更是一种硬实力

过去经常说旅游是"软实力"。李金早认为，"旅游不仅是软实力，更是一种硬实力，这是由旅游业的经济属性和产业功能决定的。"

他举例说，根据 WTTC 发布的数据，2013 年世界旅游业占 GDP 的比重已经达到 9.5%，对就业的贡献超过 10%。西藏旅游业占 GDP 比重已经超过 20%。"从这个意义上讲，旅游当然是硬实力"。

因此，他进一步指出，旅游业是"软硬兼备、融合度高、覆盖面广、拉动力强的综合性实力"，是拉动就业、改善民生、形成国家和地区综合实力的重要标志性产业；是国民精神文化享受、文明素质提升的重要行业；是促进人的全面发展进步的重要事业。

二、"出入境游逆差"是误导，提出"旅游入出境总人次"新概念

中国旅游出入境的失衡和不对等，让业界人士产生巨大的危机感，尤其是 2014 年 11 月中国出境游突破千亿大关后，"出入境游逆差"成为业界讨论的热点话题，甚至有专家提出，"2014 年旅游贸易逆差突破 1000 亿美元，5 年增长近 50 倍，中国已成为世界旅游服务贸易逆差最大的国家"。

李金早认为，这是一个误导性的说法。 他认为，"不应当将出境旅游、入境旅游割裂孤立看待，而应建立'旅游入出境总人次'的概念。入出境旅游在客源地、目的地国和地区产生的相关拉动是综合性的，不应只考虑某一方面。因此应该把入境旅游与出境旅游作为一个整体，研究统筹用好两个市场、两种资源。如外贸，讲进出口总额，反映对外经济交往的总体规模。"

三、旅游业既能富民，又能富财政

李金早认为，在发展初期，之所以存在"旅游业富民不富财政"的情况，是由旅游业发展初级阶段特点所致。2005 年以后，中国旅游业在富民及财政两方面的贡献愈加凸显，旅游业已经成为许多地区重要的财政和税收来源。旅游对财政税收的贡献有综合带动性，除了直接的税收财政贡献外，带动相关配套服务的税收贡献也有很大规模。大集团大举进军旅游业，带来的财税及非税贡献就更加明显。

李金早表示，"事实表明旅游业不但富民，也富财政，而且两者都会越来越富。随着旅游业发展的市场化、集团化、产业化、集聚化、现代化、国际化水平的不断提升，随着旅游业的逐步转型升级，旅游业对财政税收的贡献会不断提升凸显。"

四、旅游业不仅是消费热点，更是投资和出口热点

旅游业一直是刺激消费，拉动内需的主要抓手，因此，没有上升到投资及出口的地位。李金早认为，这也是一个误区。

他举例说，从消费拉动来看，2013 年，中国居民国内旅游总花费占居民消费支出总额的 12.38%；

从投资拉动看，2014 年全年完成旅游直接投资 6800 亿，同比增长 32%，比第三产业投资增速高 15 个百分点，比全国投资增速高 16.2 个百分点。未来三年，旅游直接投资将超过 3 万亿。而且，旅游项目投资的带动性强，如果按照 1 比 5 的带动系数，未来三年将带动 15 万亿以上的综合投资。

从出口拉动看，根据国家信息中心课题组初步测算，2013 年旅游业拉动出口约占当年出口的 7% 以上。出境旅游，以人员"走出去"为先导，带动对外投资、货物出口、技术出口、服务出口，是新一轮出口和对外投资的先遣队。

随着中国越来越多的实力企业走向海外投资置业、旅游修学，旅游业对于对外投资和出口的贡献将越来越高。因此，旅游业不仅是消费热点，更是投资和出口热点。

五、在旅游基本六要素基础上，提出新旅游发展六要素

李金早认为，"吃、住、行、游、购、娱"不足以概括旅游产业，因为旅游动机和体验要素越来越多。因此，他在"吃、住、行、游、购、娱"旅游六要素基础上，提议概括出新的旅游六要素——"商、养、学、闲、情、奇"。并认为，前者为旅游基本要素，后者为旅游发展要素或拓展要素。

他还指出，拓展出"商、养、学、闲、情、奇"旅游发展六要素，也只是基于现阶段实践的总结，随着旅游不断升级，今后还会拓展出更新、更多的旅游发展要素。这是旅游业蓬勃发展的大趋势。

李金早强调，"厘清、阐明上述观点，旨在通过澄清正误、深化认识，增强我们旅游业的产业自信、行业自信和事业自信"。

未来三年工作部署：实施"515战略"

在对中国旅游的发展进行梳理、总结和思考，对新常态下旅游业的定位和功能进行深刻解读和再认识的基础上，秉承发现问题、解决问题的原则，李金早在报告中全面部署2015-2017年全国旅游工作重点。概括起来将，就是要实施"515战略"。

李金早强调，必须创新工作方式，长、中、短期相结合，构建一套连贯、完整的工作思路，做到长远有方向、中期有目标、近期有计划、年度有方案，形成"谋划长远、规划中期、计划滚动、安排当年"的工作格局。

要紧紧围绕"文明出游、市场有序、安全监管、便利通畅、富国强民"五大目标，积极落实十大行动，包括：1.坚持问题导向，依法整治旅游市场秩序；2.坚决惩治旅游不文明行为，营造文明旅游大环境；3.强化底线思维，构筑旅游安全保障网；4.发动全国旅游厕所建设管理大行动（旅游厕所革命），加强旅游公共服务体系建设；5.充分发挥政府和市场"两只手"作用，创新旅游产业促进机制；6.大力开发新产品新业态，促进旅游消费转型升级；7.打破地区藩篱，推进区域旅游一体化；8、开拓旅游外交，构建旅游对外开放新格局；9.深化旅游体制改革，为旅游业发展注入强劲动力；10. 积极主动融入互联网时代，用信息化武装中国旅游业和社会管理。

围绕"10大行动"，深入开展涉及依法兴旅、深化改革、完善服务体系、推动旅游扶贫、发展"一带一路"旅游、完善旅游信息化、提升入境游、构建旅游智库等各细分领域、各产业环节的 52 项重要举措，全面推进旅游业转型升级、提质增效，加快旅游业现代化、信息化、国际化进程。

李金早说，2015 年不同寻常，既是全面深化改革、"十二五"收官、谋划"十三五"发展的关键之年，也是全面建设小康社会、实现"两个一百年"目标的转承之年。

他在报告中明确了2015年中国旅游业的预期目标为：国内旅游39.5亿人次，增长10%；旅游入出境2.48亿人次，增长4.6%，其中入境1.28亿人次，与上年基本持平；出境1.2亿人次，增长10%。国内旅游收入3.3万亿元，增长12%；国际旅游收入580亿美元，增长3%；旅游总收入3.66万亿元，增长11%。除入境旅游外，全面实现"十二五"确定的发展目标。

面对发展，我们既要坚定不移地相信市场自我培育的力量，也要相信国家层面能够直面现实，以切实有效的行政手段顺势而为，为旅游产业的健康、有序发展扫清障碍、打通壁垒，让宏观战略从口号走向落地，让政策文件从构想转化为行为，为中国旅游产业的成功转型，以及实现从"旅游资源大国"、"旅游消费大国"向纵深化、综合型良性发展的"世界旅游强国"铺路搭桥，保驾护航。

改革发展没有一劳永逸，正如李金早所言，"未来35年是我国旅游业的发展黄金期和转型攻坚期，同样也是矛盾凸显期。旅游业改革发展的使命光荣、任务艰巨，我们旅游行业迫切需要不断强化产业自信、行业自信、事业自信，增强责任感、使命感和敢于担当的精神，不断提升整合资源、统筹发展和引领创新的能力"。

随着李金早"515"治旅方略的提出和落实，中国旅游正式开启一个崭新的局面，迈向一个崭新的时代！

未来，让我们一起努力！

当我们谈论"515 战略"时，
我们在谈论些什么？

一年前的今天，我在咖啡馆写年终特稿，标题是《2014，那些搅动中国旅游变革的新生力量》。

2015 年 1 月 8 日 9 点 41 分，本文发表在凤凰网年终策划专题《中国旅游的新生力量》。

之所以把年终专题的关键词定义为"新生力量"，是因为中国旅游在 2014 年发生了很多重大的变局，既有旅游市场自身涌现的新现象，又有国家层面出台的跟旅游相关的新政策。

我们洞察到，它们是中国旅游正在孕育着深度变革的前奏。

变革的前奏

在《2014，那些搅动中国旅游变革的新生力量》一文中，我曾写到，"旅游先天的敏感性与大众生活、社会文化的密切关联性，决定了旅游市场在自我调整过程中的某个环节会冷不丁地出现许多新现象，瞬间改变旅游产业的发展导向和舆论氛围。也正是这些新现象构成了旅游产业发展的新生力量，势不可挡地推动当下中国旅游市场百花齐放的格局，搅动新时期中国旅游的盛大变革。"

也认为，"在种种错综复杂的内外部力量作用下，中国旅游自我孕育的'倒逼效应'，才是推动中国旅游在发展转型过程中，探寻新出路，创造新模式的强大动力。其他的一切现象，不管是宏观战略，还是微观战术，都是在这种'倒逼效应'下为探寻新的发展方式所孵化出的表象。"

在本文的结尾，我写到很多中国旅游当下必须面对和解决的问题及矛盾，隐隐地感觉到，2014 年出现的那些新现象和新政策，将推动中国旅游在 2015 年发生更大的变局。

但那个时候，感觉一切都是混沌的状态，存在很大的不确定性。于是我设问，"你不会想到新一轮旅游部门核心人事的调动，会给中国旅游带来怎样的变局？"

"515 战略"诞生

一星期后的 2015 年 1 月 15 日，2015 全国旅游工作会议在南昌召开。

众所周知，在这次对于中国旅游发展具有里程碑意义的会议上，刚刚上任两个多月的国家旅游局局长李金早做了题为《开辟新常态下中国旅游业发展的新天地》的报告，在该报告中，以体系化的形式明确提出"五大目标，十大行动，五十二项举措"，为中国旅游未来发展明确了战略目标和战术路径，后被业界简称为中国旅游的"515 战略"。

在距离李金早报告结束后的 3 小时 43 分，我所撰写的报道《李金早和他的"515"治旅方略》在凤凰网发布，成为此次会议现场最先早发布，并唯一有别于新闻通稿的深度报道。

在该文的结尾我写道：面对发展，我们既要坚定不移地相信市场自我培育的力量，也要相信国家层面能够直面现实，以切实有效的行政手段顺势而为，为旅游产业的健康、有序发展扫清障碍、打通壁垒，让宏观战略从口号走向落地，让政策文件从构想转化为行为，为中国旅游产业的成功转型，以及实现从"旅游资源大国"、"旅游消费大国"向纵深化、综合型良性发展的"世界旅游强国"铺路搭桥，保驾护航。

并提出："随着李金早'515'治旅方略的提出和落实，中国旅游正式开启一个崭新的局面，迈向一个崭新的时代！"

会议期间和之后，我曾采访 7 位专家，8 位各省区市旅游委主任、旅游局局长，以访谈录的形式，立体化地呈现他们站在各自的不同立场对"515 战略"的认知。当时有肯定，也有存疑。

业界更关注的是，这样一个庞大的战略体系，如何有效落地？

"515 战略"故事

"515 战略"提出一年来，中国旅游围绕"五大目标，十大行动，五十二项举措"，在各个领域开展深度改革。随着各项举措的积极有效推进，中国旅游在短时期内呈现出新活力和新格局。

这一年来，总体上有三大感觉：

一、"515 战略"高端站位，体系明确，其直面现实，求真务实，开拓创新的特点，概括了中国旅游的阶段性特征，既与中国当下的宏观发展战略保持高度一致，又与经济市场动态保持密切结合，上有政策，下有呼应，使各项工作落到了实处，有好故事可以讲。

二、"515 战略"着力解决中国旅游现阶段的难点、焦点问题，每一项举措都占领舆论高点，突破行业热点，成为社会焦点，频繁引发媒介舆论的动态跟踪和持续关注，社会各个领域都在为中国旅游的新发展态势鼓与呼，为中国旅游赢得了人气，有好声音可以听。

三、"515 战略"本着开明、开放、开拓的理念，力争为中国旅游从业者赢得行业自信、产业自信和事业自信，实施一年来，行业讨论热潮不断，持续地拓展着"515 战略"的内涵及外延，尤其是大量80 后、90 后新生代旅游从业人员和旅游创业者积极参与撰文发声，使中国旅游有了更多新时代的新锐视野和观点，有好文章可以看。

不管你认与不认，变革已来，无可阻挡！

聆听变革声音

当我在 2015 年底，从一年来所写的 140 多篇，总计 60 多万字的文章和发言稿中，整理出 80 余篇，总计 30 余万字的文稿，准备结集成书时，才发现有近 1/3 的文稿是围绕"515 战略"及其各项举措落地而进行的报道、解读、评论和访谈。

我乐意做一个观察、研究和记录者。

我相信，记录本身存在的价值。

所以，在"515 战略"实施一周年之际，我不再站在自我认知的局限和立场发声，我将邀请中国各省区直辖市旅游委主任 / 旅游局局长、中国旅游业顶尖专家进行深度访谈，聆听他们在这一年的实践和观察研究中，对于"515 战略"阶段性成果及中国旅游变革的新认知、新感悟及对未来的新期许、新建议，呈现他们所讲述的中国旅游故事、声音和观点。

相对于自己发声，我更喜欢聆听他人

每一个问题的抛出，都是在掘开一个堤口

任语言如激流般倾泻，我在安静地打捞

所有的价值，鲜活，抑或是杂芜

并愿意与你分享，指尖在每个深夜的舞动

敲打出的声音，以裂变的姿态律动着

变革时代的中国

第二部分 访谈

小蒙说

郝康理

旅游业构不成产业链

访谈时间：2015 年 11 月 27 日

访谈地点：成都·四川省旅游发展委员会

访谈人物：四川省旅游发展委员会主任 郝康理

【注】2017 年 1 月，郝康理调任成都市政协副主席

🎤 精彩观点

▶ "515战略"顺应中国旅游业发展需要，符合中国旅游业发展的阶段性特征，解决了一些长期存在的观点分歧，达成更多的发展共识，既全面布局，又突出主要矛盾、阶段重点。

▶ 我就问团队 "零负团费"的万恶之源是什么？几乎所有的人都不假思索地说是"黑社"、"黑导"。但我认为 "黑社"、"黑导"只是帮凶而已，根源是 "黑店"！必须从 "黑店"入手严查、严惩，才能从根本上解决。

▶ 旅游管理部门要更多地发挥协调作用，牵头反映问题，哪个部门的监管领域出现问题，就由哪个部门去负责。不能像现在有些地方，旅游管理部门什么都管，到最后出了问题，所有的责任都是由旅游部门承担。

▶ 只有彻底打掉 "黑店"，才能从根源上斩断"黑社"、"黑导"的利益源头，全面规范市场。从管理的角度，治理一个 "黑店"，和治理100个"黑社"、1000个"黑导"，哪个治理成本低？一目了然。

▶ 旅游营销要玩出新意。我对营销的理解是，不仅仅是传统的在央视打广告，最接近大众游客的方式，就是采用最流行的载体和渠道。

▶ 现在不管行业管理、产业促进，还是品牌营销等方面，都必须运用互联网思维，也必用好互联网思维来改革和发展。如果脱离了互联网思维来谈旅游发展，就不是与时俱进,做出的决策也就不能接地气。

孙小荣： "515 战略"是这一年中国旅游绕不开的重点话题，您认为为什么中国旅游发展到今天，在 2015 年这个时间节点上，产生这样一套成体系的战略？

郝康理： 首先从中国旅游本身来看，已经由传统行业转向综合性大产业发展，成为中国经济社会发展的强大动力。二是跟李金早局长恰在此时掌舵中国旅游密切相关，高屋建瓴定位旅游业发展，科学认知旅游发展规律，深度洞悉旅游价值。三是满足旅游业现在发展需要和期待，顺应世界旅游业未来发展大趋势。可以说，诸多因素叠加，顺天时、承地利、聚人和，共同作用产生了"515 战略"体系。"515 战略"顺应中国旅游业发展需要，符合中国旅游业发展的阶段性特征，解决了一些长期存在的观点分歧，达成更多的发展共识，既全面布局，又突出主要矛盾、阶段重点。

在四川省旅游局工作四年多来，很多问题让我倍感困惑，感觉在行业、产业发展中，有很多需要我们关注、发力的地方，却没有得到真正的重视。"515 战略"拨云见日，答疑解惑，战略战术安排明确详细、创新突破，这非常难得，尤为不易。

从年初参加全国旅游工作会议首次听到"515 战略"报告，到一年来有条不紊、精彩纷呈地落地执行，在此历程中，我们非常兴奋，干劲十足。回首再想，这也是旅游人的期待、价值与梦想所在。我们旅游管理者需要这样一套可以指导实践的体系、方法论，让我们有方向，有方法，有底气，有上气。

孙小荣：对于旅游市场秩序的整治，是"515 战略"十大行动中重要的一项，也是中国旅游管理在 2015 年推行力度最强，产生社会影响力最大的工作。而四川旅游在这方面做出了很多积极的尝试，之前我也关注过相关报道，可以说已经成为行业管理的典范。所以，我想请您重点谈下四川旅游市场秩序整治的经验。

郝康理：关于四川旅游市场的整治，可以回溯到 2011 年 7、8 月份，国家旅游局带队到四川检查"零负团费"问题。当时旅游行业都在严厉打击"黑社"、"黑导"和"零负团费"现象。N 那个时候我刚进入旅游行业，"零负团"成为第一个让我困惑的问题。当时我和团队研究，问这件事抓了多久。他们告诉我，已经有十多年了。我说十多年了，为何此事解决不好？我思考，用一种方法、一种措施解决一个难题，若久治不愈，那么可能只有一个结论——方向错了，药不对症。正基于这个逻辑，让我对"零负团费"问题感到困惑，并努力寻找产生问题的根本原因。

孙小荣：这是出于一种常识判断？

郝康理：其实也不需要复杂的理论去分析和研究问题，大道至简。政府在管理一个区域、一个行业的时候，没有完全管不好、断不了根的难事。如果屡治屡乱，那就只有一种可能——方法错了。当时我先请法律顾问研究"零负团费"，法律顾问罗列了七八个相关法律法规。

我发现，按照这些法律法规去研究，越分析越乱，难以突破。我认为，必须把问题的核心根源找出来。解决问题就得厘清源头，对症下药，否则我们将来还会继续困惑，躺着中枪。我就问团队"零负团费"的万恶之源是什么，几乎所有的人都不假思索地说是"黑社"、"黑导"。但我认为"黑社"、"黑导"只是帮凶而已，根源是"黑店"！必须从"黑店"入手严查、严惩，才能从根本上解决。四川旅游经过四年多的实践、探索和验证，事实证明，我的判断是正确的。

孙小荣：说起来很简单，为什么别的地方不能采用这个逻辑去治理市场乱象，如果说在整治"零负团费"问题上"四川实践"是靠谱可行的，那么，别的省份可以说是下了"壮士断腕"的决心和举措，还是对市场乱象一筹莫展？这是我的困惑，我相信也是很多行业管理者的困惑。

郝康理：我认为根本原因是没有认清旅游产业的特殊性。最典型的是，旅游系统缺乏对产业理论架构体系的科学研究，在理论研究缺失的情况下，大家会简单地拿来制造业的成熟产业理论，简单套用到旅游业上。一个简单的道理，我认为旅游业构不成产业链。你肯定很惊讶，这个观点超出了许多人对旅游业的固有认知。必须要解决旅游不是产业链的认识，否则我们仍然会彷徨，部门之间仍然会相互推诿责任归属问题。

制造业环环相扣，形成上、中、下游的产业链条，政府管理部门也是对应制造业产业链各环节来进行设置、管理。比如从科研、设计到生产，从销售到售后服务，形成了一条完整的产业链。

对于旅游，从 "吃、住、行、游、购、娱"传统六要素来看，除去"购"要素，其他五个要素分别属于餐饮业产业链、住宿业产业链、交通运输业产业链、观光游览业产业链、娱乐业产业链，这些产业链各自对应相关管理部门。在旅游运行的过程中，我们仅仅是通过旅行社、在线企业、要素企业 APP 打包后，进入消费环节。在消费环节除了旅游商品，即"购"环节是有售后服务，其他五个要素都没有售后服务，属于即时现场服务类消费。旅游过程中的现实服务仅仅是原来产业链的延伸。

孙小荣：我的理解是，旅游只是依附于这些原有的产业链条而发生消费，但是并没有从根本上改变原有产品的形态，所以，按照您的观点，既然没有发生产品形态的改变，就形不成产业链。不知道这种理解对不对？

郝康理：对，旅游在这五个要素领域并未改变产品形态、服务主体。比如，餐饮仍然是人家炒菜、做饭、洗碗；住宿仍然是人家叠被、打扫房间；交通服务仍然是人家开车。按照制造业产业链理论，产品由谁生产、谁制造、谁组装，就是谁来进行售后服务管理，这是制造业的思维模式。比如手机，屏幕、键盘、芯片分属不同制造商，但消费者并未去找芯片制造商继续为芯片维修服务，屏幕制造商为屏幕维修服务。

再回到旅游，既然服务内容、服务主体不变，只是游客成为被服务对象，那么相关部门对旅游行业的监管就不应该缺失。我们又不能改变原有的服务形态。作为旅游人，你以为真做了产品吗？没做，旅游只做了信息服务，旅行社、导游只是延伸人家原有产业链而已。每一个要素都是独立的产品形态、自己的产业链、自己的监管部门，各要素行业管理仍然由它所属的监管部门负责。比如，餐饮还应由卫生部门监管，交通还应由交通部门监管，娱乐还应由工商部门监管，游览观光也是根据产品特性归相关部门管。

只有旅游商品，也就是"购"环节改变了产品形态，提供售后服务，形成一个产业链条闭环。所以，我认为旅游商品才是支撑"旅游产业链"理论的唯一要素。

而我们恰恰在属于制造业的旅游商品管理方面，简单套用了服务业管理模式。制造业和服务业的售后服务管理，是两种截然不同的模式和体系，服务业国际通用的管理模式是定标评星定级。既然旅游商品属了制造业，那就必须遵循制造业的管理模式。

比如购物环节，怎么能用服务业标准去管理呢？传统的购物点管理是星级评定，类似星级酒店、A级景区评定工作。问题是，评星级的购物点就能保证商品质量，没有假货吗？用服务业管理模式去管理购物，是对旅游商品业的误读。

孙小荣：那按您这样分析，是不是可以认为，旅游管理部门就不应该监管，因为五大要素没有形成产业链，它们都有各自的监管部门？

郝康理：你这个问题问得好，这也是旅游监管的核心。我们现在的问题不是监管不监管的问题，而是要纠正监管错位的问题。我们前面分析了这么多，就是为了厘清旅游市场监管的逻辑。

首先，要综合监管，依法治理。旅游业管理要求超越各种隶属关系，从管理本部门的企业转向管理全行业，变直接管理为间接管理，由管理微观经济活动转向管理宏观经济运行。因此，旅游行业的管理必须由单一的指令性方式，逐渐向复合式的指导性管理方式转变。比如，依法治旅不仅仅依据《旅游法》，必须要解决行业认识问题，推动涉旅法律、法规、条例共同发挥作用，否则其他部门只是观望，没有切实履职尽责。旅游管理部门要更多地发挥协调作用，牵头反映问题，哪个部门的监管领域出现问题，就由哪个部门去负责。不能像现在有些地方，旅游管理部门什么都管，到最后出了问题，所有的责任都是由旅游部门承担。

其次，釜底抽薪，斩断利益链。"黑社"、"黑导"固然可恶可恨，实际上只是帮凶，元凶是购物环节，即"黑店"。比如，某省就算取消"黑社"、"黑导"，但他们会从周边区域输送过来；再全部取消周边的"黑社"、"黑导"，他们又会从其他地方过来；即便是全国都取消旅行社和导游，广大散客还有购物需求，问题依然存在。只有彻底打掉"黑店"，才能从根源上斩断"黑社"、"黑导"的利益源头，全面规范市场。从管理的角度，治理一个"黑店"，和治理100个"黑社"、1000个"黑导"，哪个治理成本低？一目了然。所以，这几年来，我们坚决取缔有欺诈行为、非法盈利的黑店和购物场所。

"黑店"和购物场所，如果输送非法利益给"黑社""黑导"，就一定存在偷税漏税。如果欺诈只是道德和诚信层面的问题，那么偷税漏税是可以判刑的。我们正计划推行旅游购物环节的电子纳税和电子发票体系，从旅游商品的定价销售、店铺的纳税层面实现统一监管，充分保障消费者利益。如果旅游管理部门不能独立解决这些问题，就要向地方政府汇报，由政府统筹协调各部门解决。我们的工作思路得到省政府的认可，所以这几年我们的工作比较顺利。

这就是四川治理"零负团费"现象的逻辑和实践。

孙小荣：听您这么详细地讲述，我才算搞明白了这里面的规律和逻辑。实话说，这几年我一直在关注四川旅游业发展，我清晰地认识到，四川做了一些在全国范围来看创新的探索，效果也不错。但仅从新闻媒体报道对外传播的信息，我无法了解的这么详细。我做这个系列访谈的目的，还是想探讨一些那些大而全的叙述、那些数据背后的故事和经验，我认为这些才是可以让大家分享，让其他地方借鉴的东西。

郝康理：你做这个系列访谈，很有必要，很有价值。我们谈的仅是四川旅游的一些工作思路和探索，如果其他地方能从中得到启发、借鉴，我们倍感欣慰。你今天让我重点谈市场整治工作，我就比较系统地谈这些，就四川旅游的创新与实践，希望以后有机会继续探讨。

孙小荣：我还是想请您简单说下几个比较突出的方面，比如营销层面，我认为四川旅游做得和别的省市不一样，可以说是出奇制胜，比如今年你们推出了新的宣传口号"四川，不仅仅有熊猫"，再就是你们把旅游营销跟娱乐节目相结合、和影视剧相结合，在全球范围内搞"熊猫粉丝"等，我觉得都非常有意思。我记得去年我还在凤凰网时，跟您有过一次深入交谈，您当时说，让四川旅游在凤凰网投广告不可能，这也不是您的玩法，您的玩法是，大家各自拿出优势，共同来玩一个有影响力的东西，这个东西必须影响有影响力的人，四川收获人气，合作单位赚取利润。抛开我所在的平台，我认为您这个思路很好，它其实就是一种优势互补，一种新玩法，一种利益捆绑，各求所需，以低成本产生效益最大化。我认为这是共享经济时代的一个趋势。所以，我成立个人工作室后，把"影响有影响力的人"这句话作为了我工作室的理念。

郝康理：旅游营销要玩出新意。我对营销的理解是，不仅仅是传统的在央视打广告，最接近大众游客的方式，就是采用最流行的载体和渠道。其实，我们做有明星参与户外真人秀节目《两天一夜》时，也考虑了现在娱乐节目太多，竞争太激烈，所以每一集内容，每一个环节都经过精心策划。在传播平台上，我们选择了在东方卫视和优酷、爱奇艺等视频网站上同步传播。现在新生代年轻人很少看电视，甚至连电视都不开，大多通过 iPad、手机来观看视频获取信息资讯。新生代年轻人的崛起意味着休闲娱乐服务消费的腾飞，而这档节目最大的受众恰恰就是新生代年轻人，节目点击率已突破两亿，成效显著。

你刚才提到的"行南丝绸之路·游大熊猫家乡——欧洲熊猫粉丝四川探亲之旅"是我们打造一个跨境跨年度的互动平台。在欧洲 6 个国家，通过 PK 的方式选拔当地对中国、四川文化比较了解的"熊猫粉丝"，胜出者组成自驾车队，从欧洲浩浩荡荡自驾游到四川，自驾用车也是我们成都制造。回到四川后，在市州进行巡游，各市州都设置互动性、针对性很强的活动，而不是简单地走过场。这些粉丝的自媒体影响力本身就较大，再加上我们在 Facebook 上也设有活动宣传专区，所以这种体系宣传策略产生了连带效应，在境外客源地影响力非常好。

上述这些活动，四川省旅游局只是搭建平台，完成了传播要素的大整合。平台是开放的，各市州、景区景点都可以最大限度地植入进去，而且不局限在旅游领域，其他四川企业也可以参与赞助。通过一档节目、一个活动撬动更多社会资源共同完成，这也是一种众筹式玩法，互联网思维就是要众筹各方资源和力量，最终让参与主体达到共赢的目的。

另外，四川在智慧旅游建设也做了一些探索。我理解智慧旅游一定是体系建设，而不仅仅是一个平台，要想办法撬动从省、市、县、景区的要素、资源和力量，这是涉及全省全域全行业的体系建设。我们最大限度地协调联动社会资源，最大限度地整合各种要素，团结一切力量，共同构建智慧旅游体系。让数据说话，充分发挥数据分析的价值，为旅游业发展服务，为游客的便利性、安全性和舒适性服务。如果仅仅依靠旅游部门，很多事情确实很难开展，其难度难以想象。

上述内容，其实都在四川省旅游局组织编写新出的《旅游新论》里，我们定义该书为"互联网时代旅游业创新与实践"。现在不管行业管理、产业促进，还是品牌营销等方面，都必须运用互联网思维，也必须用好互联网思维来改革和发展。如果脱离了互联网思维来谈旅游发展，就不是与时俱进，做出的决策也就不能接地气。

所以，李金早局长提出"旅游 + 互联网"，我个人认为提得非常及时，所涉及的工作部署、行动计划都非常有利于中国旅游业的改革与发展。

孙小荣：对"十三五"旅游业发展，有哪些看法？

郝康理：这个问题很大，三言两语说不完。最重要的就是做好规划，规划不仅仅是旅游自身的规划，更多的是国家层面、地方政府层面在做"十三五"规划时，如何认识、定义旅游业的地位，如何部署旅游改革发展的举措。如果还是各部门都在做各自的规划，只是口头上提"产业融合"，而没有落实 "融合"的实际行动和举措，甚至不考虑旅游业在各个行业里的融合和带动作用，那样效果堪忧。

四川省委关于制定"十三五"规划的建议将旅游业作为独立版块、专门章节来表述，强调要"加快建设旅游经济强省。深度实施旅游与三次产业融合发展，发展智慧旅游，构建现代旅游产业体系。优化旅游发展格局，推进四川藏区、彝区全域旅游发展，打造川藏旅游经济带和长江旅游经济带，推进川滇藏、川甘青、川陕甘、川渝黔等区域旅游合作发展。加强旅游资源开发和品牌营销，积极发展休闲度假旅游、乡村旅游、红色旅游、生态旅游。大力拓展入境旅游市场，提升精品旅游区国际影响力，创建世界重要旅游目的地"。 虽然只有 171 个字，但这已迈出了一大步，史无前例，我们也倍受鼓舞。

我们应该认真思考，"十三五"旅游业如何在整个国民经济社会发展中更好地担当先锋，发挥协调、统合作用。务实思考旅游在与其他部门、其他产业融合发展的实践过程中，通过强劲、巨大的旅游市场需求的力量，来调动、推动涉旅经济社会供给侧的全面改革，让旅游真正成为调结构、促转型的战略举措和重要抓手，产生更大更强综合动能，达成更多更深的共识。

徐晓平
"四全模式"开启全域旅游发展

宁夏

访谈时间： 2016 年 1 月 27 日

访谈地点： 银川·宁夏回族自治区旅游发展委员会

访谈人物： 宁夏回族自治区旅游发展委员会主任 徐晓平

![精彩观点图标] **精彩观点**

▶ 我认为不管是做旅游，还是写文章，能讲故事，尤其是能讲有情感的故事，是非常难得的。因为旅游这个行为本身，要么是有故事的地方吸引我们去旅游，要么是我们在旅游的过程中，产生了一些难忘的故事，丰富了我们的生命历程。

▶ 发展全域旅游不能急于一朝一夕，而是个逐步调整优化，缓慢变革创新的过程。你要说今天我们提"全域旅游"，明天就开放所有景区，破除门票经济，显然是不现实的。关键是有了"全域旅游"这个理念，给我们带来一种新的创新思维，那么，在当下和未来的产业发展战略布局中，我们就要有意识地向"全域旅游"的目标靠拢，而不是背离泛旅游消费的市场需求，还是以景点景区的模式来搞发展。

▶ 我们自治区刘慧主席在今年政府工作报告中，对"全域旅游"做出了更明确的指示，就是要实现"全景"、"全时"、"全民"、"全业"的内涵式发展。有了"四全"的发展理念和策略，宁夏全域旅游的发展，就不仅仅是空间的概念，它包含对时间、品质、受众和融合等各个方面都要通盘考虑，协调发展。

▶ 我们"十三五"规划的核心，还是围绕"全域旅游"来展开，理念是稳固发展现有的精品景区，因为我认为不管是观光还是休闲度假，作为旅游核心吸引物的属性还是不可或缺的，然后整合全域资源，打造"一核两带三廊七板块"这样一种全域旅游的空间布局。

▶ 我们打造全域旅游它不是一个虚的东西，这个规划一旦全部落实建设好，就能支撑全域旅游发展。而且我们这里面大多数新型开发的项目，以后都将是开放的，不收门票的，让游客多体验一些项目，多停留几天产生的体验性消费，肯定比单一的门票消费贡献要高很多。

▶ 不管是从全国看，还是从宁夏旅游的变革发展来看，我认为，如果不是"515战略"有序的推行，很多构想不可能实现，比如说我前面提到的几个国际化会议规格的升级，还有我们自治区党委政府对旅游业的重视，以及我们现在筹备成立旅游发展委员会。实际上，国家旅游局自去年以来，对我们地方旅游发展都直接或间接地给予了很多的帮助，没有"515战略"这股力量的推行，我感觉很多事情很难操作。

孙小荣：我的老家在甘肃，所以，我是西北人，对西北有着一种融入骨子里的亲近感，我喜欢她的广袤和苍凉。这次来银川采访您，也算是完成了我一个梦想。因为小时候村里有个人在银川当官，那个时候，一个偏远的小山村，能够出一个能到省外，而且还是省外省城当官的人非常不容易，且不论这个人的官职大小。所以，这个人一直是我们村里的传奇，而由他带回村里的"银川"两个字的象征意义，对年幼的我来说，就具有非常大的诱惑力，"银川"从我很小的时候起，就成为让我非常向往的一种传奇。所以，非常荣幸您接受我的专访，一方面是支持我将"515战略"这个系列访谈继续下去，另一方面，也借此机会完成了我一个夙愿。

徐晓平：首先，非常感谢你对我们宁夏旅游的关注，我之前看过不少你写的文章，对每个省旅游发展特点的把握，以及对相关问题的探讨，都非常有深度。另外，我发现你写东西，有一种融入感，就是你会带着自己对某个地方的观察和体验情感来探讨一些问题。比如你刚才讲的关于银川的故事，就具有非常强烈的个人情感。这是我最近看你写的"515"系列访谈给我最直观的感受和印象。

我也是个老旅游人，这些年来一直做旅游工作，我认为不管是做旅游，还是写文章，能讲故事，尤其是能讲有情感的故事，是非常难得的。因为旅游这个行为本身，要么是有故事的地方吸引我们去旅游，要么是我们在旅游的过程中，产生了一些难忘的故事，丰富了我们的生命历程。所以，我非常乐意跟你进行交流，因为你的视角和你表达的语境与众不同。

刚才你说的故事，以及对银川，对宁夏，甚至对整个大西北的这种向往的情感，可以说是大多数人对我们这个地方的一种情感想象。当然，作为从甘肃，从我们大西北走出去的孩子，你的这种感情会更强烈一些。比如像你说的广袤、苍凉，还有淳朴的民风，多元的地域文化，甚至于地域特征造就的那种骨子里的豪迈，还有历史的传奇，正是我们这个地方有别于其他地方的文化精神特质，这也恰恰体现了我们旅游的差异化优势。

孙小荣：我有一个朋友，他是摄影师，也是个诗人。他每年都会自驾游西北，从北京出发，途经河北、山西、内蒙古、宁夏、甘肃，一直到新疆。有一次他走到腾格里沙漠，拍了张大漠夕阳的照片，发了条微信，写了一句话，他说，"我就喜欢大西北这种哭不出来的苍凉"。因为他开了一天车，沿途基本上看不到人，能碰到的只有远在视线边缘的牛羊，这句话对我的触动很大。

我认为，这也为我们思考宁夏旅游的发展，甚至西北旅游的发展，提供了一种视野。为什么大家都知道西北天高路远，是一种"哭不出来的苍凉"，每年还有那么多的游客，选择自驾、骑行、搭车，甚至徒步的方式，来这里旅游？为什么在西北旅游的人，往往游离于景点景区之外，而把旅途本身当作一种最好的体验，一片荒漠，一段残墙，一道美食，一个古老的城镇，甚至一抹残阳，都让他们兴奋不已？

实际上，我认为正是她广袤而又多元的地形地貌，造就了西北处处皆景，一路风情，这也是自古以来，西北就充满传奇魅力，吸引无数的文人骚客不辞劳苦前来旅行的原因，他们又留下了丰富的诗篇，不断地充实着这片土地的文化传奇。

而到了今天，我认为，这也是西北发展全域旅游的先天优势。尤其是宁夏，相对于西北其他省区而言，区域面积小，旅游资源丰富而集中，更具有率先发展全域旅游的优势。

我来之前，看过一篇报道，叫《今后，有个景区叫"宁夏"》，说的就是《宁夏空间发展战略规划》提出宁夏就是"一座城"的发展构想。

徐晓平：全域旅游的确是我们宁夏旅游的一大优势，发展全域旅游也的确是我们宁夏旅游当下的一项重点和亮点工作。正如刚才你提到的，宁夏有发展全域旅游的先天优势。

第一个是地域小而美。宁夏区域面积只有 6.64 万平方公里，人口只有 660 多万，但是她多元的自然生态和历史人文两种旅游资源得天独厚，被称为"中国旅游微缩盆景"。我举个例子，西北有沙漠的地方很多，但是像沙坡头这样精致的景区不多。腾格里沙漠也不是我们宁夏所独有的，但滑沙运动我们做到了极致。所以，"宁夏归来不看沙"已经成为我们的一个响亮品牌。

第二个是特色浓而鲜。宁夏独特的回族文化和穆斯林旅游产品及服务体系日臻完善，是"中国唯一的穆斯林旅游省"。那么，从全域旅游，或者旅游外交的角度来考量，我们提出打造"中阿旅游中转港"、"向西开放的国际旅游目的地"这两个战略目标。特别是依托宁夏旅游开展的中阿合作已经日益成熟，并取得了丰硕的成果。我们已经连续搞了三届中阿论坛，两届中阿博览会。在"一带一路"背景下，宁夏发挥自身优势，搭建一个中阿国际交流对话的平台，具有重大的战略意义。

我们六盘山有个狩猎场，是由阿联酋皇家投资局投资建设的，去年年底已经开工，争取一两年建成。有狩猎，包括猎鹰、驯鹰、放鹰等项目，这就是由阿拉伯人来投资经营，开发适合阿拉伯游客体验的特色旅游产品和服务，这样就可以吸引更多的阿拉伯游客来宁夏休闲度假。像这种文化特色特别鲜明的产品，在其他地方很难落地生根，那么在宁夏就可以。

第三个是区位好而优。宁夏位于中国大陆版图的几何中心，是国务院审批的第一个内陆经济开放试验区。我们将依托"试验区"建设和"一带一路"战略，将宁夏打造成中国内陆地区"向西开放"的桥头堡。尤其是最近习近平总书记访问沙特、埃及、伊朗，随着这种经济、文化、政治交往的不断加深，我们确定的"向西开放"的理念和目标，将更具战略高度和外交价值。

从宁夏本身的发展来说，现在也到了关键转型期。宁夏工业不发达，过去主要依赖于能源型的工业企业，但这是不可持续的。农业特色优势明显，但总体实力较弱。特别是在中央提出"供给侧改革"发展背景下，我们更要通过发展旅游业来拉动第三产业的快速发展。同时，宁夏也是欠发达地区，贫困人口很多，从脱贫致富的惠民角度出发，也要通过全域的旅游扶贫来实现"造血式"的扶贫。所以，从各个角度来考量，发展全域旅游都是宁夏最理想的选择。

孙小荣：因为之前，整个中国旅游的发展都是以景点景区为依托的"单点发展"，到现在还是以景点景区为依托的"门票经济"为旅游项目开发的主导模式，再加上旅游景点景区的管理各有归属，比如住建、文化、林业、农业、宗教等部门各自管辖各自的景区，导致的结果是现在中国旅游经营管理的条块分割特别严重，这也是阻碍全域旅游发展的一大障碍。您认为，怎样破除这些障碍，或者怎样打破既定的利益格局，才能更有效地实现全域旅游的发展？

徐晓平：这个问题很犀利，也的确是个难题。但我对全域旅游的理解是这样的，它是个理念，是个趋势，也是旅游业发展到一定阶段的目标。首先，这取决于市场需求的驱动。过去观光阶段，游客就需要看景点，那旅游项目开发就只能建景点景区。现在游客的消费需求和消费方式在泛化，必然就需要旅游发展从全要素的角度来思考。我认为这是旅游市场，或者说旅游业发展的阶段性特征。也就是说，过去条块分割也是阶段性发展的必然选择，我们不能现在一提起全域旅游，就全盘否定原来的发展模式。

其次，发展全域旅游不能急于一朝一夕，而是个逐步调整优化，缓慢变革创新的过程。你要说今天我们提"全域旅游"，明天就开放所有景区，破除门票经济，显然是不现实的。关键是有了"全域旅游"这个理念，给我们带来一种新的创新思维，那么，在当下和未来的产业发展战略布局中，我们就要有意识地向"全域旅游"的目标靠拢，而不是背离泛旅游消费的市场需求，还是以景点景区的模式来搞发展。我认为，这两个方面我们得搞清楚，有利于正确地认识"全域旅游"。

那么，从宁夏全域旅游发展来看，实际上，早在2015年1月13日，在自治区"两会"的政府工作报告中，就提出了《宁夏空间发展战略规划》的理念，就是把宁夏当作"一座城"来经营开发这样一种理念，政府办公厅也发布了《关于全面提升旅游服务质量"十百千万"工程的若干意见》，这个意见非常具体，就是要通过创建十条旅游特色街区、做强十大景区、发展十大旅游购物商店、打造十强旅行社、做优十家旅游饭店、扶持十大特色农家乐、推广十大金牌旅游小吃、评树百名旅游服务之星、培育千名乡村旅游带头人、培训万名旅游从业人员等一系列举措，从旅游产业的各个领域和环节着手，实现全面的品质突破，来带动全域旅游的发展。

2015年全国旅游工作会议是在1月15号召开的，国家旅游局李金早局长在"515战略"中明确提出"全域旅游"概念之后，我们自治区党委政府高度重视，并主导制定出台了《宁夏全域旅游发展三年行动计划》，明确要求各部门、各行业做到产业围绕旅游转、产品围绕旅游造、结构围绕旅游调、功能围绕旅游配、民生围绕旅游兴，将旅游产业发展纳入年度工作考核指标，对全域旅游发展任务进行分解落实，目前已经形成了全区上下联动、部门齐抓共管、区域协调并举的格局。

因此，可以说宁夏是继海南国际旅游岛之后，率先从党委政府层面提出"全域旅游"发展的内陆省区。我们自治区刘慧主席在今年政府工作报告中，对"全域旅游"做出了更明确的指示，就是要实现"全景"、"全时"、"全民"、"全业"的内涵式发展。有了"四全"的发展理念和策略，宁夏全域旅游的发展，就不仅仅是空间的概念，它包含对时间、品质、受众和融合等各个方面都要通盘考虑，协调发展。

另外，经过我们的积极努力，在自治区党委政府和国家旅游局的大力支持下，宁夏已经成为全国第十个批准成立旅游发展委员会的省区，旅发委的成立将会改变过去单一部门抓旅游这种"小马拉大车"的格局，通过各部门更加紧密的协调和配合，为宁夏全域旅游的发展打通壁垒、破除障碍。

孙小荣： 除了行政层面的这种重视、协调和支持，在未来的产业发展方面，宁夏是如何向"全域旅游"倾斜的？

徐晓平： 我们现在正在做宁夏旅游"十三五"发展规划，现在还没有对外公布，但是整体的构想可以先跟你谈下。我们"十三五"规划的核心，还是围绕"全域旅游"来展开，理念是稳固发展现有的精品景区，因为我认为不管是观光还是休闲度假，作为旅游核心吸引物的属性还是不可或缺的，然后整合全域资源，打造"一核两带三廊七板块"这样一种全域旅游的空间布局。

"一核"是将银川建设成为宁夏全域旅游核心区，发挥全区旅游集散中心和咨询服务中心城市的作用。

"两带"包括黄河金岸旅游带、古城文化旅游带。黄河流经宁夏全境，全长397公里，是宁夏自然和文化资源最集中的区域，也是最适合以自驾游的形式全程游览宁夏精品景区，纳入石嘴山—银川—吴忠—中卫四座旅游城市，可以说是宁夏现代城市休闲度假带，也是宁夏提升区域的整体竞争和辐射能力，形成经济新增长极的抓手。第二带是固原—韦州—灵武—银川，这四座城市从古至今形成时间轴，过去分别叫原州、韦州、灵州、银州，是宁夏的古城市带，它们代表了宁夏的历史变迁，属于历史文化旅游带。

"三廊"包括贺兰山东麓葡萄文化旅游廊道、清水河流域旅游廊道、古军事文化旅游廊道。宁夏的"酒庄酒"是世界闻名，在《纽约时报》评选的"世界上必去的46个地方"名录中，宁夏就是因为葡萄酒而入选。我们通过规划把若干个葡萄酒庄串联起来，就能打造一条葡萄酒文化旅游长廊。

清水河流域旅游廊道，就是固原到中卫，是黄土高原和西北大漠相接的地方，这一带的地质风貌谁看了都会感到惊讶和震撼，非常奇特，是大自然的神奇创造，这是很多自驾游客必到的地方。

还有，宁夏是古代游牧民族和中原文化交汇交融的地方，古军事遗址很多，有中国长城博物馆之称，对发展考古、游学等旅游有着很重要的意义。

"七板块"包括大沙湖休闲度假旅游板块、西夏文化旅游板块、塞上回乡文化体验旅游板块、边塞文化旅游板块、大沙坡头休闲度假旅游板块、韦州历史文化旅游板块、大六盘红色生态度假板块，这里我就不展开说了，这七个板块能够带动我们整个宁夏旅游的全域发展。

整个架构一说完你会发现，我们打造全域旅游它不是一个虚的东西，这个规划一旦全部落实建设好，就能支撑全域旅游发展。而且我们这里面大多数新型开发的项目，以后都将是开放的，不收门票的，让游客多体验一些项目，多停留几天产生的体验性消费，肯定比单一的门票消费贡献要高很多。

孙小荣：除了全域旅游，您认为还有哪些是宁夏旅游的亮点，能够在全国格局中彰显宁夏旅游的差异化发展态势？

徐晓平：旅游外交，我们前面提到过一些，但不系统。可以说"全域旅游"和"旅游外交"是宁夏旅游的两大亮点，也是我重点想跟你谈的两个方面。2015年我们举办了两个大会，分别是第七届海峡两岸旅游圆桌会议、中阿旅行商大会，都非常成功，产生了很好的影响力。

国家旅游局杜江副局长评价第七届海峡两岸旅游交流圆桌会议时

有一句话，我记得非常清楚，说是"台湾海峡两岸圆桌会办了这么多届，你们宁夏办的这次会是最具特色、最富成效的一次会议"。

我们在中阿旅行商大会上，来自约旦、阿联酋、埃及马来西亚、马尔代夫、巴基斯坦、斯里兰卡、新加坡等21个国家和地区的253名旅行商代表，跟我们签署了32份合作协议，包括120万马来西亚皇家警察及家属来宁夏休闲度假的合作协议。

阿联酋航空公司是世界上最大的航空公司，阿联酋航空公司高级副总裁Majid Almulla经过考察，很快决定开通到银川的航线，这是继北京、上海和广州之后，阿联酋航空在中国内地开通的第四条航线。促使他做出决定，签署协议，就是因为宁夏跟阿拉伯世界的这种密切联系。所以，李世宏副局长在会议结束后感到很惊讶，他没想到我们能把这个会办成这么大规模，取得这么多成就，他评价中阿旅行商大会是"中阿旅游的桥梁和纽带"。

在大会结束后的考察中，我还留意到一个细节，就是200多个旅行社的代表，其中有很多穆斯林代表，在我们宁夏任何地方吃饭，从来没人去问这个饭是不是清真的，这个现象我觉得很奇怪。一般接待阿拉伯人，他要问这个饭是不是清真的，他要亲自看过后才吃。但是他们在宁夏非常放心，这是一种文化认同和信任。所以，这个细节也给我们树立了打造"中阿旅游中转港"的信心。

联合国世界旅游组织秘书长塔勒布·瑞法依对我们成功举办中阿

旅行商大会提供了很大的支持，他曾经评价说，宁夏是中国唯一的一个穆斯林省份，和阿拉伯国家有着天然的联系。他还说我们召开中阿旅行商大会也是落实习近平总书记提出的"一带一路"战略，不仅具有经济意义，更有深远的政治意义。

2016 年，中美旅游领导高峰会议将在宁夏成功举办，这又将给宁夏旅游积极主动融入世界旅游发展格局，更多地开展旅游外交，提振了很大的信心。这也是我们乘势而上，发展全域旅游，实现品质提升的难得契机。

孙小荣：您怎么看待"515 战略"，经过一年的推行实践，您认为效果如何？

徐晓平：我的看法是，不管是李金早局长调任国家旅游局，还是在他的主导下产生的"515 战略"，都是中国旅游发展的历史选择。这其中，跟李金早局长早年在桂林，在广西发展旅游的经验，以及他在商务部的国际视野密不可分，他是把旅游当作事业来做。

经过这一年的实践，不管是从全国看，还是从宁夏旅游的变革发展来看，我认为，如果不是"515 战略"有序的推行，很多构想不可能实现，比如说我前面提到的几个国际化会议规格的升级，还有我们自治区党委政府对旅游业的重视，以及我们现在筹备成立旅游发展委员会。实际上，国家旅游局自去年以来，对我们地方旅游发展都直接或间接地给予了很多的帮助，没有"515 战略"这股力量的推行，我感觉很多事情很难操作。

宏观层面我看别的局长在你的访谈中都总结了很多，我就不想重复总结了，我也给你讲个故事。

李金早局长去年 7 月 28 日来我们宁夏参加海峡两岸旅游交流圆桌会议期间，有一次在银川吃早餐，吃的是羊杂碎，这是我们宁夏大街小巷都有的一种小吃。他吃了之后说："这个太好了！"。然后马上表示，要在全国每个地方推出"十大金牌小吃"。后来国家旅游局下发了《关于开展 2015 年中国金牌旅游小吃评选活动》的通知，这个灵感可以说，是从我们宁夏的一碗羊杂碎开始的，现在成了席卷全国的一项大活动。

这个评选活动影响力特别大。我昨天到固原调研，旅游局工作人员正在解决十大金牌小吃评选过程中遇到的一个"固原羊头"商标权之争的问题。其实，我们都没有想到群众的积极性会这么高，一个金牌小吃的评选会受到如此重视。这说明，民间百姓对于旅游业的发展前景也是非常看好的。

通过这两个金牌小吃评选的故事，我们也可以来例证"515 战略"的执行力度和影响力，它已经超越行业，深入民间。同时，也可以看出李金早局长是一个无时无刻不在思考旅游，随时随地都会产生好想法，并要身体力行将其落实到底的工作作风。这对我们旅游产业发展来说非常难得。当然，作为基层旅游管理者，我们也倍受鼓舞！

于凤贵

山东旅游迎来新机遇

访谈时间：2015 年 12 月 7 日
访谈地点：济南·山东省旅游发展委员会
访谈人物：山东省旅游发展委员会主任 于凤贵

🎙 精彩观点

▶ （"515战略"）通过成体系地推行各方面举措，形成"倒逼效应"，使我们的发展更加全面、立体，让优势更具优势，让弱势转化为优势，让短板问题逐渐消除。

▶ "三大战略工程"，也就是旅游＋互联网、旅游＋金融、旅游＋创新，我认为这是山东旅游发展新时期必须完成的三大任务。比如互联网我们今年搞了"O2O泰山会盟"，旅游金融方面，我们设立上百亿的旅游发展基金，创新层面我们在乡村旅游、厕所革命、新业态促进、文化旅游区域整合等领域，都开创了中国旅游的新模式。

▶ 我们的十大文化旅游目的地的整合发展，都是有省局牵头在做，只有这样，你才能打破行政区划，做成一个整体。不然各个城市都自己做自己的，永远不会实现区域一体化。

▶ 在落实"厕所革命"时，我们也是秉承全域旅游"处处是旅游环境"的理念，跳出了景区景点的局限，把整个城市的加油站、商场、酒店、饭店等场所的卫生间整合起来，全面向社会、向游客开放，成立了"厕所开放联盟"。

▶ 旅游投资方面，1亿以上的项目今年就会超过1300亿，加上一些小的旅游项目，投资额还会更大；旅游消费今年估计达到7000亿。

▶ 新业态是我们"十三五"时期要重点突破的领域，这也是山东旅游深化发展的潜力所在。

孙小荣：山东一直具有创新精神，这几年有不少引领中国省域旅游发展的新模式，广受业界好评。所以，我想请您站在山东旅游创新发展的立场，结合"515战略"各项举措，先从整体来评述下近一年来的发展情况。

于凤贵：无论是"515战略"，还是李金早局长平时的一些讲话、署名文章，还是部署工作，我们各省市的旅游局长坐一块谈的时候，都有这样一些共同的感觉：

第一是立意高远。就是把旅游业放在整个经济社会转型升级的大格局中考虑，同中央的改革发展精神、同习总书记的一系列讲话、同国家一些重大的战略方针是完全契合的。用我的话说就是"上边非常接天"。同时，还契合旅游发展的规律。我们山东今年人均GDP超过1万美元，刚好是旅游业井喷发展的阶段。这个阶段的特征就是，高档次的休闲度假需求旺盛，新业态开始大量涌现。所以，"515战略"的推出，与山东旅游的实际情况很符合，有利于我们山东进一步发挥优势。同时把补"短板"、把欠缺的问题也都找出来，通过成体系地推行各方面举措，形成"倒逼效应"，使我们的发展更加全面、立体，让优势更具优势，让弱势转化为优势，让短板问题逐渐消除。而且相关部署正像习总书记说的一样，是"钉钉子的精神"，一件一件事情去做，所以我也说这是"下边非常接地"。这是我对"515战略"最直观的评价，概括起来就是"上接天，下接地"。

第二是措施务实。我们都有共同的感受，就是这一年来，"515战略"各项任务的落实，可以说是雷厉风行，节奏特别快，力度特别大，旅游扶贫工作会、旅游产业座谈会、黄山会议、援疆会议、专项座谈会、"旅游＋互联网"大会等等，一个接一个，我干旅游十七八年，这种现象在以前是没有过的。所以，"515战略"是要实实在在落地的，而不是说给谁听的，国家旅游局首先在行动层面开创了中国旅游发展的新气象，对于我们地方旅游管理部门而言，产生了一种强大的推力。

孙小荣：是推力，也是压力，这种先导性促进产生的效应，并不是每个地方都能适应它的力度，跟上它的节奏。我想知道，山东具体是怎么落地的？

于凤贵："515战略"对山东来说，我的感觉是阳光普照。"515战略"提出以后，我们省政府牵头对各项举措进行了深度解读和系统分解，结合山东旅游发展的实际情况，我们做了很多深化部署。

比如说，"515战略"提出来要强化旅游部门的作用。

第一是我们把旅游业发展纳入到省委科学发展考核当中去。这个做法我觉得在全国纳入政府考核可能有，但是纳入到党委口的没有。就是通过设置旅游消费总额和增幅等目标，对17个市的市委书记、市长进行考核，考核好了，那就说明你党委政府在科学发展旅游上做得好；如果考核不好，你其他方面再有政绩，也很难说重视旅游。有了这样的措施做保障，旅游就真正成了"一把手工程"。

第二是强化旅游部门的综合协调职能。山东除了按照国家旅游局要求成立旅游工作联席会议之外，还提出了四个机制——市场联合执法机制、安全和突发事件处置机制、投诉统一受理机制、信息共享机制，又根据各个部门同旅游产业的相关性分了四大类——融合发展类、综合协调类、政策保障类、保驾护航类，这使得综合协调机制更加细化和明确。

第三是探索多规合一。一个是鼓励基层多探索，临沂市搞了四规合一，就是旅游发展规划和城乡建设规划、土地利用规划、环境保护规划融合。沂南县搞了七规合一，以旅游规划为引导，其他规划共同支撑旅游业发展。

第四是土地及旅游用地长效机制。去年郭树清省长亲自召开联席会议，对重点旅游项目用地问题进行重点扶持，同时建立了新机制：一是土地发展长效机制，二是规划衔接机制，三是联合促进机制，四是促进新业态发展机制，五是土地供应保障机制。

第五是推动市场主体培育。发挥市场在资源配置中的决定性作用。这是十八届三中全会提出来的，市场配置资源，如果不给它放开的话，那市场机制不健全，企业主体就不强。所以，山东设立了海滨旅游发展基金、山东旅游发展基金，现在我们又开始筹备组建齐鲁文化旅游产业发展基金和山东乡村旅游发展基金。就是要通过基金来撬动和放大市场主体的培育和资源配置。现在山东大约有 7 个市也成立了文化旅游基金，通过放大效应，全省旅游基金规模将超过 100 个亿，起到了四两拨千斤的作用。

第六是提出"三三战略"和"三三工程"，推动全面落实。比如说"三三战略"中的"三个契合"，首先契合中央、国家局精神和省委省政府的相关指示精神，在重大战略决策层面，保持高度一致；第二个契合就是要跟经济社会发展规律和老百姓的需求相契合；第三个契合就是要跟旅游业发展规律相契合。我们提出"三个契合"之后，旅游业界的专家也觉得，山东确实领会了"515 战略"的精神，是结合山东实际的创造性落实。

在"三个契合"基础上，我们还提出"三三工程"。第一个就是抓基础，包括厕所、卫生、市场整顿、旅游安全，完全是基础性的；第二个比较高大上，就是要上大项目，要抓大企业、大活动，要提升整个山东旅游业的水平；第三个是"三大战略工程"，也就是旅游+互联网、旅游+金融、旅游+创新，我认为这是山东旅游发展新时期必须完成的三大任务。比如互联网我们今年搞了"O2O 泰山会盟"，旅游金融方面，我们设立上百亿的旅游发展基金，创新层面我们在乡村旅游、厕所革命、新业态促进、文化旅游区域整合等领域，都开创了中国旅游的新模式。所以，这一年我们山东旅游围绕"515 战略"的落地，可以说是各方面都充满活力，整个行业也是蓬勃发展，生机勃勃。

孙小荣：“515 战略”十大行动第七项是“打破地区藩篱，推进区域旅游一体化”。山东旅游在区域一体化这个层面也做出了许多创新探索，被业界津津乐道的比如说旅游品牌的“捆绑式营销”、高铁旅游城市联盟、十大文化旅游目的地品牌等。所以，我想请您谈谈对旅游区域一体化的见解。

于凤贵：“区域旅游”或者说是“全域旅游”这些概念，可能是其他地方先提出来的，但在主动实践方面，山东省应该是走到了全国的前面。我们在莱芜和临沂做了两个全域旅游示范市。李金早局长今年 5 月份来山东考察后，也给予了高度肯定和评价。提这个概念，做这个事情，也是基于市场规律和游客需求。

首先是团队旅游在弱化，散客、自助游在兴起。这些游客不会按照旅行社指定进行旅游，去看哪个景区、住哪个酒店、在哪里吃饭、哪里购物，完全按照自己的意愿和需求走。我举个很简单的例子，今年发生的“青岛大虾”事件，其实它不是发生在旅游景区景点，而是发生在路边的一个烧烤店。所以说，对于旅游目的地而言，管理和服务的范畴，都已经超出了景区景点的范畴，就是“处处是旅游环境”，这也是我们提的口号。那么，在这种趋势下，全域旅游就势在必行。

我们还提了个口号，叫“人人都是旅游形象”，就是山东所有的公民都是东道主，要文明待客，诚信经营。莱芜和临沂这两个全域旅游示范市，就是这样做的，每一条路的两边都很漂亮的，每一个城乡都是干干净净，人也相对是比较文明热情，大环境都能达到旅游环境的要求。具体到某些旅游强县、旅游强镇，更是要落实全域旅游的标准。

现在我们好几个旅游强县和旅游强镇，都是以全域申请5A级景区，比如青州古城，就把整个青州市按照5A景区的标准来打造，要满足旅游的各种功能，同时要保障当地老百姓的生活不受侵扰，经济收入、生活品质要有所提升。我们也是在探索，目前来看，效果还不错。下一步，我们还要整合涉农资金，推动全域旅游发展，明年重点扶持2个市、6个县、20个镇发展全域旅游，支持乡村旅游成方连片发展。

再比如你刚才提到的"十大文化旅游目的地品牌"，我们就是按照齐鲁文化脉络和资源进行梳理整合，达到求同存异的目的，求同就是求文化的相似性塑造品牌，存异就是保持区域的独特性满足差异化体验，基本上覆盖了山东省全域，而且把区域文化的品牌个性提炼了出来，比如"仙境海岸"、"东方圣地"、"水浒故里"、"亲情沂蒙"等已经有了一定的品牌影响力，得到了市场的认可。

孙小荣：现在各个地方都在讲全域区域，但是全域旅游最大的问题，就是怎么样打破行政区划的限制，做一个统一的规划布局、统一的服务标准、统一的管理体系和统一的品牌体系，这个似乎很难实现。山东是具体是怎么操作的？

于凤贵：举个例子，山东省十大文化旅游目的地，比如"仙境海岸"，由日照、青岛、威海、烟台四个滨海城市组成，大概有3200公里的优质海岸线。我们省局出资、组建专家团队做整体规划，整合优势资源、优质产品，制定、推行你刚才说的一系列标准。

然后，也是省局牵头安排经验丰富的旅行社根据游客需求开发"仙境海岸"产品，形成可售卖的"仙境海岸"线路，做得好的，我们省局会给予一定的奖励。然后这四个城市的旅游管理部门，参加任何营销推广活动，必须是捆绑在一体的。这也是我们山东独有的经验，所以，我们的十大文化旅游目的地的整合发展，都是有省局牵头在做，只有这样，你才能打破行政区划，做成一个整体。不然各个城市都自己做自己的，永远不会实现区域一体化。

以前我们很羡慕长三角，因为上海对江苏、浙江的拉动太大了，同时，江苏和浙江的旅游资源又在补充着上海旅游资源的不足，形成了很好的区域互动。但是山东处在边缘地带，是个典型的过境地，不管是北京、上海，还是整个环渤海圈，仅靠航空客流，拉动是有一点，但是效果很小。

京沪高铁的开通帮了我们很大的忙，这一条线就让长三角、京津冀两大区域同时成为山东的"三小时客源地"，山东居中的优势也被充分发挥了出来。所以，这几年不管从游客数量，还是旅游经济收入方面，山东都有了突飞猛进的增长。

今年国家旅游局牵头成立了京沪高铁旅游联盟，以前都是我们地方几个重点城市在自己搞，现在大家是联合在一起搞，近期我们组织了京、沪、皖高铁沿线好客山东贺年会推广活动，分管省长率领搞营销，未来随着我们省内城际高铁的逐渐普及，在区域旅游这块，将会激活更大的潜力。

孙小荣： 在落实"515战略"十大行动的过程中，您认为山东还有哪些亮点，或者有哪些经验，值得分享？

于凤贵： 前面说了，山东在落实"515战略"层面，是一件件狠抓落实，实际上在某些领域，山东还做了进一步的扩大。比如在落实"厕所革命"时，我们也是秉承全域旅游"处处是旅游环境"的理念，跳出了景区景点的局限，把整个城市的加油站、商场、酒店、饭店等场所的卫生间整合起来，全面向社会、向游客开放，成立了"厕所开放联盟"。这也是山东首创，得到了国家旅游局的肯定和李金早局长的点赞。在完成"厕所革命"的进度方面，我们自我加压，提出要提前一年完成目标。

为此，山东省省财政要拿出1.2亿，在明年年底之前，要建设5万多个厕所，各级市县财政还要给予一定的奖励、补偿专款，这都是我们郭树清省长亲自批示、部署的。所以，山东省在旅游"厕所革命"方面的力度很大，效果也很明显。

再比如乡村旅游，在国家旅游局公布的首批乡村旅游"千千万万"品牌名单中，山东61个村庄被评为中国乡村旅游模范村，数量居全国第一，并有400个农家乐被评为金牌农家乐，总数名列前茅。这些成绩，是山东较早重视乡村旅游取得的结果。举个例子，我们对乡村旅游从业人员的专项培训投入很大，做得也非常扎实。

今年开始，我们还将按照郭省长的计划，继续扩大培训人员的人数、具体培训内容和范围。我们已经组织三次，每次1000名乡村旅游带头人赴台湾培训，共3000人。从明年开始，我们还要组织去日本、韩国、欧洲等国家去做乡村旅游带头人培训学习。费用方面，郭省长的意见是不从我们的旅游基金里拿，单独列出一块用财政专项资金支持。

现在山东有2940万贫困人口，按照国家旅游局扶贫达到17%的比例要求，我们还做了一个旅游精准扶贫方案，已经上报给省委省政府和国家旅游局，如果方案能够得到实施，山东乡村旅游的精准扶贫，我认为以后会有更新更好的面貌。

在全域旅游方面，我们规划打造一个全域化市和六个全域化县，集中打造三到五年，能形成一大批规模化的经营市、全域化的经营县，这样就从机制上解决了全域化和规模化经营的问题，这个路子也是比较独特的。

旅游投资方面，1亿以上的项目今年就会超过1300亿，加上一些小的旅游项目，投资额还会更大；旅游消费今年估计达到7000亿。

其实你要说山东旅游的亮点，站在我的立场，我认为还有很多，比如文明旅游、安全生产、互联网信息化、品牌营销等等，我这里就都不展开说了。

孙小荣： 您认为"十三五"时期，山东旅游要重点突破的方向是什么？因为"十二五"时期可以说山东很好地塑造了"好客山东"这个品牌，我个人认为，下一步应该是为这个品牌创造更多的支撑。

于凤贵： 从大趋势来看，整个中国旅游将处在一个发展黄金期，根据习总书记的判断，中国经济发展仍然是一个机遇期。那么在新常态下，整个经济的发展速度要慢下来，旅游这一块却会迎来高速的发展，我认为在这三五年内，应该会保持超过10%的增长幅度发展。

对于山东而言，我们要顺应两大趋势，一个是业态转变的趋势，就是从观光度假向观光休闲度假结合的综合性旅游转变；另一个是市场转变的趋势，休闲度假这个市场已经形成。我们要继续把一些好的资源保护好，满足传统的观光需求；另外要大力发展度假产品和新业态。度假产品我们已经形成比较好的发展态势，我们已经有三家国家级旅游度假区，现在我们正邀请世界旅游组织做山东旅游的综合规划，是由省发改委牵头，我们郭省长亲自批示的，你想想是个什么概念？这个规划就不是一个简单的观光旅游度假规划，而是几个产业整合后的综合性产业规划，要融合文化、养老养生、中药康体、休闲农业、低空飞行、房车露营、温泉滑雪等新业态。

现在供给侧改革对旅游来说已经势在必行了，山东将借助这一次国家提出的供给侧改革，拉动旅游投资和消费。我们正在梳理规划十大业态，当然这十个业态不是说只有十个。因为山东这种业态在全国来讲有它的独特性，比如说邮轮，必须是具备滨海条件，其他的地区就搞不了；房车露营地、山地搞露营地也很好，山东在这方面有优势和条件。所以从供给侧改革开始，我们就分析山东哪些产品已经老化了，哪些业态已经是处于中老年期，哪些业态基本上游客已经不喜欢了，该怎么提升。这个是我们提升、优化、调整结构的一个思路。所以，新业态是我们"十三五"时期要重点突破的领域，这也是山东旅游深化发展的潜力所在。

宋宇

城市文不文明，游客最有发言权

访谈时间：2015 年 12 月 9 日
访谈地点：北京·北京市旅游发展委员会
访谈人物：北京市旅游发展委员会主任 宋宇

精彩观点

▶ "515战略"通过一系列举措，让旅游行业和旅游产业的发展成为全社会更加关注、更加聚焦的事业，把我们从幕后推到了前台，不管是国家层面，还是市场层面，都认识到旅游不再是一个辅助性产业，而是一个在新时期推动经济发展、社会建设和文化创新的前沿产业。

▶ 我们经济发展的速度和我们自身的文明程度不匹配，经济发展过快，国民是有钱了，但是，文明素养没跟上，这就是个矛盾。那么，不文明，不讲诚信，不遵纪守法，必然导致混乱无序。无序就是安全隐患。而安全又是旅游的生命线，没有安全保障就谈不上旅游。

▶ 我们现在意识到要走生态文明的路子，那么广大的偏远农村怎么发展，现代工业不适合农村发展，过去那种粗放式的矿产业对农村生态是一种巨大的蚕食，唯有旅游能够给农村带去生态、绿色、环保的发展红利，是解决"三农问题"的理想途径。只有让农民的生活质量提高了，那才叫真正的富民。

▶ 北京不必再宣传是中国首都，是历史文化名城，有故宫、长城、鸟巢什么的，这些大家都知道，北京旅游已经过了打口号的发展阶段，反而要在个性化的服务和旅游体验上做宣传，说到底就是要让世界游客感觉到北京的文明、热情和有趣。

▶ 我想强调一下世界旅游城市联合会，今年走出去在摩洛哥举办。它是诞生于北京，从今年开始走向世界的一个国际旅游组织，非常符合国家当下的发展战略，也是旅游外交的一个创新平台，现在会员已经达到 151 个。这才是我们中国引导世界旅游发展话语权，迈向旅游强国的一个标志。

▶   现在既然已经开弓放箭，大家都摩拳擦掌开始干了，咱就得走下去。一项工作，一个工程可能需要我们数年的坚持努力才能见成效，最怕变。尤其是涉及全国全行业的工作部署，一旦改变，大家很多工作就半途而废，内耗成本太大。

孙小荣：北京相对于其他地区具有特殊性，有句话说，不管在北京干什么，想的都是全国的事，北京旅游的发展很容易成为全国的导向。您如何看待中国旅游这一年在"515战略"背景下的发展？

宋　宇：首先是经济发展了，调结构、促转型对旅游的需求，把旅游从一个边缘性产业推到了扩大内需、推动经济转型和万众创业的前沿阵地。从根本上说，这是人们生活品质提升之后享受旅游休闲度假、享受经济发展成果、市场需求驱动产生的结果。这是个大前提。

其次，自李金早局长就职国家旅游局局长以来，在他的一些施政思想的引领下，国家旅游局制定了"515战略"，通过一系列举措，让旅游行业和旅游产业的发展成为全社会更加关注、更加聚焦的事业，把我们从幕后推到了前台，不管是国家层面，还是市场层面，都认识到旅游不再是一个辅助性产业，而是一个在新时期推动经济发展、社会建设和文化创新的前沿产业。作为业内人，这是一年来我最直接的感受。

而"515战略"提出的"文明、安全、有序、便利、富国强民"五大目标，又与目前国家的发展战略和理念相契合，它一方面是强化旅游业本身的发展品质、内核驱动，一方面又强调如何更好地服务于国民经济的整体发展，顺势而为，是适应新时期、新常态、新使命的一个具体体现。

当然它带有很强烈的年度性和阶段性任务特征，这恰恰又是旅游适应新发展,适应新角色的一种务实体现。比如,为什么提倡文明旅游?就是因为我们经济发展的速度和我们自身的文明程度不匹配,经济发展过快,国民是有钱了,但是,文明素养没跟上,这就是个矛盾。那么,不文明,不讲诚信,不遵纪守法,必然导致混乱无序。无序就是安全隐患。而安全又是旅游的生命线,没有安全保障就谈不上旅游。提倡旅游便利不仅仅是指出行的便利,还有获取信息的便利、选择的便利、消费的便利、享受服务的便利,甚至维权的便利。

最终的目标富民强国,当然是赋予旅游更高的一种责任和使命。比如旅游扶贫,我们现在意识到要走生态文明的路子,那么广大的偏远农村怎么发展,现代工业不适合农村发展,过去那种粗放式的矿产业对农村生态是一种巨大的蚕食,唯有旅游能够给农村带去生态、绿色、环保的发展红利,是解决“三农问题”的理想途径。只有让农民的生活质量提高了,那才叫真正的富民。事实证明,乡村旅游能做到。那么,民富了,国自然就强了。

所以,我认为“515战略”的这个体系的逻辑是非常好的。对好的东西,大家都有共鸣,所以,这一年整体来看,全国旅游界可以说在“515战略”层面达成了共识,相关举措都在积极推行,成效明显。我觉得这是个好开端。

孙小荣:“515战略”十大行动的第二个是坚决整治旅游不文明行为,营造文明旅游大环境。北京作为中国首都、首善之区,是中国文明形象的窗口，在文明旅游监管和环境氛围营造方面，有哪些具体措施？

宋　宇：正如你所说，北京作为中国首都、首善之区，是中国文明形象的窗口，在文明旅游监管和环境氛围营造方面，更是需要全社会的共同努力。像北京这样的城市，本身人口庞大，移民数量大于原住民数量。同时，它是中国最大的旅游目的地城市之一，是中国最重要的出入境枢纽城市。所以，不管从营造文明旅游的秩序和氛围，还是传播中国文明形象而言，我们都比其他城市肩负着更加重要的使命和责任。

那么，在文明旅游的倡导和管理层面，我们北京旅游委主要围绕来京和出境游客做工作。比如针对来京游客，我们主要利用北京旅游委短信平台，每年向来京游客发送文明旅游和规范旅游的提醒短信1.8亿条。在景区、饭店和旅行社服务网点，布置文明旅游、文明住宿等方面的提示牌。要求景区工作人员对游客不文明行为及时进行提醒、劝导；针对出境游客，我们主要强化旅行社对文明旅游工作的责任感，督促旅行社严格落实行前说明会制度，在游客报名时发放文明旅游宣传资料，重点进行旅游目的地法律和风俗习惯的教育提醒。要求各旅行社把文明旅游内容纳入旅游合同中，在签订合同时着重向游客说明。督促领队全程加强文明旅游的督促引导，及时纠正和劝阻不文明行为，对发生严重问题的旅行社进行训导和处理。

我认为，文明旅游大环境的营造，还是重在宣传和倡导，要通过各种渠道，让文明旅游宣传成为一种常态，我相信时间久了，文明自然会成为大家一种行为自觉。我们一年花费上千万在各种交通工具、户外广告、宣传媒体上宣传文明旅游，比如发布文明旅游提示、在北京旅游的注意事项、提醒游客不要参与"非法一日游"、建立文明安全运行网等。文明旅游宣传不要简单地说口号，要结合旅游的特点来宣传，要有艺术性和人性化，比如通过讲述小故事的视频、卡通片等，潜移默化地去引导游客践行文明旅游。

包括北京旅游的海外营销，我们也把传播北京文明作为推广传播的核心要素，而不是去推广什么口号形象，因为北京不必再宣传是中国首都，是历史文化名城，有故宫、长城、鸟巢什么的，这些大家都知道，北京旅游已经过了打口号的发展阶段，反而要在个性化的服务和旅游体验上做宣传，说到底就是要让世界游客感觉到北京的文明、热情和有趣。

比如说，美国 ABC 专门给北京做了一档节目，叫"北京的外国人谈北京"，收视和传播效果特别好。后来，我们把这档节目录制的内容翻译成几种语言版本，作为我们对外宣传的作品，很受外国游客的欢迎。我想，我们在对外宣传上，应该多一些这样的创意和传播方式。因为旅游说到底，还是游客对一座城市的感受和理解，一座城市文不文明，游客最有发言权。

还有就是，一说文明旅游不要只想到游客，旅游从业人员的文明素养同等重要，很多不文明行为和现象的发生，都是发生在游客与服务人员之间。所以，我们也在一直加强北京旅游从业人员服务水平和服务素质的提升，比如导游员培训、饭店管理员培训、乡村旅游经营者的培训。

今年我们还开始对小旅馆经营者进行培训，小旅馆如果管理不好，它就是藏污纳垢的地方。所以，对于私营小旅馆的管理和培训，也是我们未来重点要抓的一项工作。

孙小荣：北京在文明旅游方面，还有一个优势，就是北京拥有一支庞大的志愿者队伍。在很多重大的活动，比如 2008 年北京奥运会、APEC 会议、今年的 93 大阅兵活动中，这些志愿者发挥了很好的作用，对于北京旅游文明形象的塑造也功不可没。

宋　宇：这也是我想重点说的，文明旅游除了注重宣传、培训和教化，还要积极动员、发挥社会的力量。我们今年承办了"中国旅游志愿者队伍成立暨旅游志愿服务活动启动仪式"，通过成立旅游志愿者队伍，开展旅游志愿服务活动，让更多的人参与进来，使志愿服务在旅游业人人可为、事事可为、时时可为。随着旅游志愿服务活动的不断深入开展，形成游客、行政部门和旅游景区、旅行社等机构，共同努力营造文明旅游的良好氛围。

其实北京的志愿者队伍发展起步很早，到现在大概有 10 万多志愿者。这个志愿者机制在北京奥运会后就保留了下来，在举办大型赛事、活动的时候，吃住行等接待服务，都是由我们北京旅游委来牵头负责。这些志愿者跟我们有着密切的配合和协作，现在已经很默契，他们的确是塑造北京文明形象，营造北京文明氛围的一股中坚力量。

孙小荣：刚才我们谈了这么多北京旅委抓文明旅游的实践，现在我们来做个总结，您认为旅游主管部门应该怎样更好地去抓文明旅游？

宋　宇：今年4月国家旅游局发布了《关于游客不文明行为记录管理暂行办法》，5月份公开了第一份"黑名单"，这体现出从国家层面整治不文明旅游行为的坚定态度。当然，该《办法》没有明确可操作的条款，还存在判定、取证、处罚等多方面的操作难点。如果没有配套的细则出台，落实到位还存在较大难度。

我认为主要有这样几个问题：一、游客的来源多样，无法实行统一的登记管理标准。二、游客不文明行为的性质程度，无明确的界定标准。三、游客的不文明行为发生地点不同，全部由旅游主管部门登记管理存在较大难度。四、对游客不文明行为实行曝光，可能会造成侵权行为。

所以，我认为旅游主管部门应该从以下方面去抓文明旅游：

一是要加强公共媒体宣传引导。充分利用报纸、网络、微博等公共媒体加强文明旅游宣传教育工作，营造文明旅游舆论氛围。比如我们北京旅游委制作了文明旅游视频宣传片在公共媒体进行播放，印制文明旅游海报、口袋书、折页，以及印制有文明旅游宣传资料的纸巾、折叠包等物品，对游客和群众进行文明旅游宣传。

发挥服务窗口功能，在各个游客中心服务大厅播放文明出游多媒体影像资料，发放文明宣传材料，运用官网、微博、微信、电子显示屏、告示栏、图文宣传展板等传播渠道，加强对游客文明出行的政策宣传。积极推进文明北京智慧平台安装工作，专题召开旅行社和区县旅游委的动员部署会，督促各区县旅游委加强推广，指导各旅游企业做好安装工作，努力拓展文明旅游的宣传渠道。

二是要加强文明旅游制度建设。北京旅委针对媒体集中曝光的各种不文明旅游现象和问题，及时下发开展提升公民旅游文明素质工作的通知，督促区县旅游委和各旅游企业加强游客文明素质教育。同时，利用导游年审、培训等时机，加强文明礼仪等知识的培训，充实到导游员年审继续教育的必修课，并作为集中培训重要内容。

三是加强文明旅游典型推荐。我们今年还公开征集文明旅游案例，开展"北京市文明旅游之星"评选活动，鼓励旅行社对文明旅游成绩突出的导游给予奖励，对表现较好的游客给予优惠政策，让导游和游客既能感受光荣，还能享受实惠，更加积极主动地践行文明旅游要求。

总结起来就这样几条，实际上我们做的工作不止这些。对于北京旅游委而言，文明旅游已经是一项常态化的工作，在这方面，我们还正在探索更多的创新方式和手段。

孙小荣：您认为这一年来，北京旅游在其他方面还有哪些创新实践和亮点？

宋　宇：这里我只简单说几个我认为有意思的，并不一定全是"515战略"的内容，它可能是北京旅游在这一年来具有突破意义的事情。

第一个是，2015 年 7 月 1 日起，作为首批城市，北京率先面向境外旅客实施购物离境退税政策。截至 2015 年 11 月 10 日，北京市单笔退税商品销售额超过 10 万的已达 11 笔，最大单笔退税商品销售额高达 89.87 万元。下一步，北京市旅游委将积极配合国家税务总局，完善《境外旅客购物离境退税管理办法（试行）》；借鉴国外成熟模式，逐步建立市场化运作机制，发挥相关部门资源优势，加强退税政策宣传。

第二个是，我们的京郊旅游发展向特色化、规范化转变。北京在"十二五"初期明确提出了"一区（县）一色、一沟（村）一品"的京郊旅游发展思路，要创新推广国际驿站、休闲农庄、采摘篱园、民族风苑、乡村酒店、养生山吧、生态渔村、山水人家、葡萄酒庄、汽车营地等农家乐升级的 10 种新业态，总结形成了乡村旅游"北京模式"。经过这 5 年的努力，目前，北京市共有市级民俗村 207 个、市级民俗户 9970 个，特色沟域 17 条，特色业态 390 家。截止 2015 年前三季度，京郊旅游接待规模 2961 万人。京郊游可以说已经成为北京旅游的又一大亮点和旅游经济增长的潜力市场。

第三个是我们正在开发推广定制旅游产品。一是中医养生旅游产品。今年，我们投入 490 万元用于中医养生文化旅游的开发和推广，目前已开发 13 条中医养生文化旅游线路。据不完全统计，截止 10 月 8 日，共有 1002 名外国及港澳台游客参与了中医养生旅游。

二是体育赛事产品。"看中网、游北京"是今年开始，我们打造体育主题定制入境游的开端，这也是我们首次尝试打造以体育赛事观赛为特色的定制旅游产品。经统计，2015 年中网比赛，一共有 29748 人次外籍观众现场观看，5345 位外籍人士入境北京旅游并观看比赛，其中有 796 位是通过中网入境旅游产品购买门票，较去年增长 47%。

三是精品文博旅游产品。我们与市文物局联合开展了博物馆旅游产品开发，对 30 家博物馆进行了踩线考察，将区分不同旅游人群、不同类别进行产品设计，适时召开产品发布会，并在北京旅游网和各旅行社网站上进行推广销售。目前，正在进行踩线考察和产品设计。

第四个创新点是提升北京旅游商品的品牌和高附加值。我们已经成功打造了"北京礼物"这个品牌，现在已开业和试营业礼物店近百家，在售"北京礼物"近 2000 款，"北京礼物"电子商务网站也投入运行。这几年来，我们策划并推动了"北京礼物"进巴西世界杯、进 APEC 峰会、进世界房车大会。今年，我们实施旅游商品品牌提升工程，围绕吃、住、行、游、购、娱等旅游要素，做优做强"北京礼物"、"北京人家"、"吃在北京"、"看在北京"等特色旅游商品品牌，这也是我们推动北京旅游提质增效的重要领域。

最后，我想强调一下世界旅游城市联合会，今年走出去在摩洛哥举办。它是诞生于北京，从今年开始走向世界的一个国际旅游组织，非常符合国家当下的发展战略，也是旅游外交的一个创新平台，现在会员已经达到151个。这才是我们中国引导世界旅游发展话语权，迈向旅游强国的一个标志。

孙小荣："515战略"是个三年规划，如今一年已过，我做访谈的时候，大家都一直认为这一年来成效显著。那么，您认为后两年应该如何更好地推行？

宋　宇：我前面也说了，"515战略"是个阶段性的任务，现在各地都是按照这个战略部署在推进发展，后两年要稳中求进，进中求新。

另外，有四点建议：

一是不要太急。尤其是涉及文明的提升、改革的内容，它不是一说就能完成的，有一定的难度，需要一个培育、时机和延续的过程。

二是要考虑大战略下的小特征。就是一定要考虑各地方旅游发展的特点，包括它的资源特征、经济基础、服务水平等。举个很简单的例子，像旅游厕所在北京已比较成熟，它的发展与数量比应更重视品质。中国最大的特征就是幅员辽阔，但发展不均衡，不能用一个要求去评判，一个要求那就麻烦了。

三是既定战略不要轻易改变。现在既然已经开弓放箭，大家都摩拳擦掌开始干了，咱就得走下去。一项工作，一个工程可能需要我们数年的坚持努力才能见成效，最怕变。尤其是涉及全国全行业的工作部署，一旦改变，大家很多工作就半途而废，内耗成本太大。

四是强化环境保障。这个层面我们看到李局长带领国家旅游局正在努力，就是给"515战略"的实施争取更多政策环境保障，需要更多国家层面的肯定和支持。比如今年，几次重要的会议都把各部委拉进来一起开，大家达成共识，劲儿往一处使，这有利于中国旅游更好地改革发展。

那书晨

河北旅游开启整合创新模式

访谈时间：2016 年 6 月 30 日
访谈地点：河北·唐山南湖国际会展中心
访谈人物：河北省旅游发展委员会 那书晨

▶ 　旅游最大的支撑还是本地市场，其次是周边市场。京津冀两市一省的居民，加起来就有 1.1 亿多。我们先不考虑远程市场，就京津冀这 1.1 亿居民每年平均出游一次，这个消费贡献都非常了不得。

▶ 　差距就是潜力，潜力就是后发优势。如果说现在河北旅游有些还处在 1.0 或 2.0 时代，也就意味着，我们有更多的空间可以发挥，有更多的可能可以创造。我们可以借鉴其他地区优秀的经验，利用最新锐的研发理念，借助最先进的科技信息，直接按照 3.0，甚至 4.0 的模式和标准来发展河北旅游，避免走弯路，实现跨越式发展。

▶ 　把潜力转变为后发优势的前提，是要做好顶层设计，没有科学的、合理的，并且符合时代特征、市场新需求的顶层设计，潜力就不是优势。因此，我一直认为，思想比资本更重要。一个好思路、好创意、好点子，可以引来巨大的资本，但多少资本，都顶不上一个有思想的大脑。

▶ 　旅游发展必须准确把握大众旅游新趋势，以全新的理念、全新的视野对旅游发展进行科学谋划和精心策划，实现"智慧＋资源＋资本"的充分结合。

▶ 　我认为策划比规划更重要。搞旅游必须改变不注重策划、不注重深度挖掘资源、不善于讲故事，不善于包装的观念和做法。策划是规划的基础和前提，要想规划做得好，必须请高手先做策划。

▶ 　管理机制不顺，发展肯定就不畅，倒不是说"局"改"委"后旅游管理部门就能拥有多大的权力，而是经过改革之后，能够达成一种发展共识，形成一种协调发展平衡机制，产生一种群策群力、共享共进的凝聚力，这才是推动产业发展的真正动力。

孙小荣： 首先，祝贺您履新河北省旅游发展委员会主任！也正因为如此，我们才有机缘在这份事业中相遇，进行这次访谈。前几天去了趟百里峡，发现到处都在大兴土木搞建设，跟我 2010 年去时大不一样。明显感觉今年以来，河北旅游有了大动作，从春节过后推出"京西百渡休闲度假区"，到悬赏价值数十万的长城哈弗 H9 汽车全球征集河北省旅游形象口号，顺应大势实现"局"升"委"的管理机制改革，再到现在紧锣密鼓地筹备河北省首届旅游产业发展大会等一系列的工作来看，河北旅游的发展氛围更加浓烈了。

那书晨： 感谢您关注河北旅游发展，能这样如数家珍地列举，证明我们做的这些事情，至少引起了业界的关注。当然，这可能也跟您平时关注、研究各个地方的旅游发展动态有关系。

河北发展旅游的氛围的确更加浓烈，一方面是形势所逼，市场所逼。中国旅游整体迈入黄金发展期，进入了一个大变革、大创新、大融合的新阶段，向社会化、全球化、现代化发展阶段快速转型。正如李克强总理所说，全面迈向"大众旅游新时代"，市场需求潜力巨大，各个地方如果不好好发展旅游，就会跟时代发展的潮流脱节，也会失去调结构、促转型，加快推进供给侧结构性改革的重要抓手。

第二个方面是我们河北省委、省政府非常重视旅游业的发展。当然，当前各个省对旅游发展都很重视，但是，河北推动旅游大发展更迫切。河北的区位很好，环京津、沿渤海；资源也很丰富，可以说是全国唯一的拥有山地、平原、丘陵、湖泊、海滨、草原、沙漠、高原、冰雪等自然资源的省份，不同的地貌环境造就了多彩多姿的自然风光，历史文化资源也特别丰富，而且每个地方都有可见的遗址，可说的故事，都是大家耳熟能详的。但实话说，河北旅游的影响力和市场竞争力与区位优势和资源禀赋优势还不匹配。

所以，我们赵克志书记、张庆伟省长等领导多次做出重要指示和批示，省委省政府作出一系列战略决策和部署，明确提出要以超常规的举措推动旅游业跨越发展，把旅游业打造成河北省国民经济的重要支柱产业，实现从"旅游资源大省"向"旅游经济强省"转变。为此，专门成立了以省委赵勇副书记挂帅的旅游工作领导小组，组建了省旅游发展委员会，建立了旅游产业发展大会平台机制，对加快旅游业发展提出了更加明确的要求，也寄予了厚望。

最近，我多次陪同赵勇副书记到保定，就是您前面说的"京西百渡休闲度假区"检查指导首届旅发大会的筹备工作，同时，也在全省进行调研摸底。深感各地发展旅游的诉求都非常迫切，不管是政府、企业，还是老百姓，都明显地感觉到旅游的大发展，能够给他们带去看得见的好处，享受得到的利益。我们现在必须通盘考虑，做到心中有家底、顶层有设计、眼前有路径、未来有愿景。

孙小荣：您刚才谈到河北旅游的发展现状跟区位优势和资源禀赋优势不匹配，这也是我对河北旅游的认知，可能也是很多人对河北旅游的认知。比如像我们生活在北京，其实对环北京的河北并不是很了解。比方说，很多人对河北的印象是一个内陆省份，不会想到有大海，秦皇岛、山海关、北戴河这三个地名，也许在很多外地人心中是比较独立的地标。我身边就有朋友很惊讶地说，"啊，原来秦皇岛在河北呀！"还有承德，因为北京旅行社总是把避暑山庄跟故宫、颐和园、圆明园、八达岭、十三陵整合成一条"皇家园林"线路售卖，所以，在很多游客心中，避暑山庄属于北京，而不属于河北，像这样的现象有很多。当然，这只是市场认知层面的。您认为河北旅游的市场认知、发展现状跟本身的优势不匹配，主要表现在哪些方面？

那书晨：河北旅游资源丰富，但整合打造不够，存在"大资源，小产品"问题，"星星"多、"月亮"少，"月亮"不震撼，"星星"不耀眼。从实际资源禀赋来看，保定的白石山、野三坡、白洋淀；石家庄的嶂石岩、苍岩山、正定古城；承德的灵雾山、双塔山；邯郸的广府古城；张家口的小五台山、暖泉古镇、宣化古城、鸡鸣驿古城，还有桑干河等，都非常有特色，就是没有发展好，没有包装好。

另外，整个燕山山脉大部分在河北境内，在这些山峦之间蜿蜒着两千多公里的长城，因此，河北也被誉为"长城故乡"。但是，知道北京八达岭长城的多，不知道长城最壮观、最美丽的部分在河北。再比如说平山西柏坡，我们说"新中国从这里走来"，她是整个大华北范围最具影响力的5A红色旅游景区，但对市场的整体拉动和周边辐射效应还不够。

从景区接待人数、门票收入、综合收入三项指标看，河北还没有一家景区进入全国前 30 名。从 2015 年国庆节全国景区接待游客排行榜来看，河北排在前 100 名的仅有北戴河、野三坡、西柏坡三家。

近年来，通过各地各部门的共同努力，河北旅游业也在持续快速发展，主要指标年均增长 30% 以上，这个增幅还是很高的。2015 年，我们全省共接待海内外游客 3.72 亿人次，实现旅游业总收入 3430 多亿元。但我们增长，别的省也在增长，放在全国大格局中，我们还要做到心中有数。

孙小荣：京津冀是国内三大核心市场之一，每个中国人一生都想去首都北京旅游，去天安门留个影；北京也是全球游客来中国必游的城市。加上直辖市天津，这是一个巨大的国际旅游目的地，就像一个巨大的磁场，对全世界游客都具有吸引力。环京津的河北，比其他省份更具有分享这个市场红利的机会和可能。

那书晨：我们先不说河北如何争取前来京津旅游的游客，我认为，旅游最大的支撑还是本地市场，其次是周边市场。京津冀两市一省的居民，加起来就有 1.1 亿多。我们先不考虑远程市场，就京津冀这 1.1 亿居民每年平均出游一次，这个消费贡献都非常了不得。但是这个区位优势，在河北旅游市场消费层面表现还不充分。

造成这种问题的主要原因在于：河北旅游景区整体规模小，分布散，创新不够，规划建设水平低，呈现出"大资源、小产品"的现象。

用我们赵勇副书记在全省旅游工作电视电话会议上的讲话来说，河北旅游在全国叫得响的精品景区、精品线路还很少；公共服务供给跟不上"井喷式"的市场需求；旅游产业增加值总量不大，还没有成为名副其实的支柱产业；旅游业市场主体不强，有影响力的旅游龙头企业基本还没有；体制机制不活，无论行政管理体制还是景区经营体制、旅游执法体制，都还存在很大的制度障碍制约，河北旅游业发展的短板还比较多。

所以，我认为，河北旅游要改变这种现状的当务之急，是要从精品化、品牌化入手，积极推动旅游发展模式从景区改造提升向旅游聚集区、旅游目的地建设转变，全力打造龙头景区。我们建立旅发大会平台和促进机制，就是要推动全省各市谋划、提升、打造一批具有轰动效应、震撼效应、引爆效应的业态、产品和品牌。

孙小荣：我认为河北今年将保定涞水、涞源、易县的野三坡、清西陵、白石山、狼牙山、易水湖五个品牌景区整合打包，推出"京西百渡休闲度假区"这个思路很好，就是整合资源，以品牌化带动连片发展。

那书晨：这是我们未来整个"十三五"时期的既定战略，就是要打造品牌化的产业集群。现在必须进行区域优势资源的整合发展，单个的景区景点已经不能满足游客多元的消费需求，尤其是河北环京津的条件，必须针对大城市消费客群"5+2"，甚至假日改革试点之后的"4+3"新生活方式，打造京津居民的"第二家园"、"环首都优质生活圈"。

河北旅游虽然有差距，但是，我们也充满自信。因为差距就是潜力，潜力就是后发优势。如果说现在河北旅游有些还处在1.0或2.0时代，也就意味着，我们有更多的空间可以发挥，有更多的可能可以创造。我们可以借鉴其他地区优秀的经验，利用最新锐的研发理念，借助最先进的科技信息，直接按照3.0，甚至4.0的模式和标准来发展河北旅游，避免走弯路，实现跨越式发展。这就要求我们必须坚持把"细致、精致、极致"贯穿始终，各项工作都要瞄准全国乃至世界一流，实现品质化的发展转型。

"京西百渡休闲度假区"就是我们践行这一理念的首个示范区。为此，省委、省政府决定把河北首届旅游产业发展大会放在这个区域召开。目前，我们正在按照"细致、精致、极致"的工作标准，和达到"震撼"的总要求打造这个示范区。通过聘请国内顶尖的策划团队进行策划规划，出台支持政策，整合项目、资金等资源，全力促进示范区基础设施和旅游产品建设实现大提升，推动示范区率先发展、率先突破，树立全省旅游业发展新样板。通过"京西百渡休闲度假区"的建设，使整个保定市乃至全省旅游业发展水平，能够快速卜一个新台阶。

实际上，按照区域整合优化发展的理念，我们规划了"一圈引领"，即环首都休闲度假旅游圈；"两山隆起"，即燕山—太行山山地休闲度假旅游带；"海陆统筹"，即沿渤海滨海休闲度假旅游带；"全景坝上"，即坝上森林草原休闲旅游片区；"希望田野"，即平原现代休闲旅游片区；"多点支撑"，即要打造现代旅游城市和一批精品旅游目的地、旅游特色小镇、美丽乡村。

其中每个大板块下面，都要形成五到七个特色产业集聚区，比如"环首都休闲度假旅游圈"，就有"京西百渡休闲度假区"、"京张文化体育旅游产业带"、"京承御道绿色文化长廊"、"京廊新机场商务会展基地"、"京南旅游新业态聚集区"五个集聚区。"京西百渡"只是其中之一，就是要因地制宜，凸显特色，品牌引领，集群突破。

孙小荣：非常认同您"差距就是潜力，潜力就是后发优势"这个理念，实际上旅游发展最能说明这种优劣势转化，过去是农村包围城市，现在是城市包围农村，过去偏僻的地方、贫穷的地方，正因为偏僻、贫穷，才没有工业化入侵，保留了优质的生态、文化、民俗、民情等资源，如今，它们成为这个时代最稀缺的元素，偏远的乡村终于等来了以最为理想的方式实现脱贫的发展机遇，这就是旅游。

那书晨：是这样的，您这个解读特别到位。把潜力转变为后发优势的前提，是要做好顶层设计，没有科学的、合理的，并且符合时代特征、市场新需求的顶层设计，潜力就不是优势。因此，我一直认为，思想比资本更重要。一个好思路、好创意、好点子，可以引来巨大的资本，但多少资本，都顶不上一个有思想的大脑。

旅游业的发展，资源是基础，市场是导向，创新是路径，由于人们体验差异的需求，旅游资源数量具有动态性和无限性，一切自然和新生事物都可能成为旅游资源。特别是互联网的出现，一切都在或正在被颠覆、被融合、被混搭。旅游发展必须准确把握大众旅游新趋势，以全新的理念、全新的视野对旅游发展进行科学谋划和精心策划，实现"智慧＋资源＋资本"的充分结合。

在这个过程中，策划和创新就尤为重要。我认为策划比规划更重要。搞旅游必须改变不注重策划、不注重深度挖掘资源、不善于讲故事，不善于包装的观念和做法。策划是规划的基础和前提，要想规划做得好，必须请高手先做策划。我们目前正在筹建河北旅游产业发展咨询委员会和旅游学会，就是要团结、凝聚一批真正有好想法、有实战经验的专家，组建一个高质量的智库，在智力层面为河北旅游的创新发展保驾护航。

再就是创新。说旅游是永恒的朝阳产业，就是它不断推陈出新，没有点子，没有亮色，就会停滞不前。创新可能是无中生有，可能是对原有资源的重新排列组合，不是一个方面的创新，是坚持不断的创新。新就是变化，新就是效益，新就是生命力。

孙小荣：您如何解读"515战略"？

那书晨：解读谈不上，正在学习，其实"515战略"就是我刚才强调的顶层设计，对于整个国家的旅游产业发展都会产生很好的导向性、团结和凝聚力，这个效果也非常明显。这里我说两点感受：

一个是"全域旅游"。我认为对于中国旅游而言，这是一场革命，无论从思想、理念、布局还是落地实操方面来说，都是一场真正的革命。

"全域旅游"的核心是按照全域化的要求配置旅游资源、规划旅游布局、推进景区建设、加强执法管理、融合产业发展，把一个区域整体作为功能完整的旅游目的地来建设、运营和管理，实现景点内外一体化，做到处处是旅游景点、人人是旅游形象、时时都有旅游服务、行行都沾旅游红利，这对于贯彻落实"五大发展理念"、推动旅游转型升级、实现新一轮跨越式发展，具有极为重要而深远的意义。

第二个是"体制改革"。这也是一场革命，因为管理机制不顺，发展肯定就不畅，倒不是说"局"改"委"后旅游管理部门就能拥有多大的权力，而是经过改革之后，能够达成一种发展共识，形成一种协调发展平衡机制，产生一种群策群力、共享共进的凝聚力，这才是推动产业发展的真正动力。

目前，河北已有8个设区市成立旅游发展委员会。关于旅游综合执法体制机制改革，我们已确定承德、张家口、秦皇岛、保定作为试点市，其他市和重点旅游县（市、区）也正在加快构建旅游市场监管创新体系，逐步探索建立形成旅游综合管理机构和旅游警察、旅游工商分局、旅游巡回法庭等"1+X"综合执法模式。

当然，我们也不能总跟在别人身后跑，要学习借鉴，更要创新完善，比如，我们考虑把物价、质监、安监等职能也加进来。关于景区管理体制机制改革，目前正在大力推广"管委会＋村镇＋公司"的管理运营模式；关于旅游投融资体制机制改革，加快建立以政府投入为引导、社会资金为主体，依靠市场机制筹措资金的多元化旅游投融资体系。

最近，我们正在研究，首先让更多的金融机构、投融资机构和国企、民企都参与到旅游业投资建设中来，把旅游发展基金做到300亿、500亿，甚至是1000亿，力争"十三五"每年旅游项目投资至少完成500亿以上。

孙小荣：在履新之后，您个人对河北旅游发展有着怎样的期待和愿景？

那书晨：围绕省委省政府提出的建设"旅游强省"的目标，我希望河北旅游人能够咬定青山不放松，通过"十三五"的群策群力，把环首都周边打造成京津冀协同发展的先导区和休闲度假示范区，把秦唐沧打造成世界级海滨旅游度假带，把坝上地区打造成冰雪运动和消夏避暑天堂，把燕山—太行山打造成世界级山地公园、国家级休闲度假区。这是一个比较宏观的理想和目标。

从我个人而言，我希望我们所做的一切努力，在为河北广大人民群众造福的同时，让京津及国内外更多游客，不是在河北旅游度假，就是在奔向河北旅游度假的路上，这也是我们的美好愿景！

我想，我们河北旅游人应该有这样的情怀，更应该有这样的雄心壮志！

阳世昊

盯准市场主体深耕细作
重点做好城市形象营销

访谈时间：2016 年 8 月 17 日

访谈地点：天津·天津市旅游局

访谈人物：天津市旅游局局长　阳世昊

精彩观点

▶ 我认为，旅游业要树立"服务别人就是发展自己"的理念，及时把各行各业建设成果整合转化为旅游资源，打造成旅游产品。从其他行业"+旅游"入手，使其他部门和行业先受益，最终实现"旅游+"的目的。

▶ 抓"厕所革命"就是抓城市公共服务体系建设。旅游是最重要的基础设施，旅游服务水平的高低体现了一个城市综合服务能力的高低。"旅游厕所"是一个局部，但城市公共服务体系建设是一个整体。

▶ 天津可能是第一个推出"旅游促销专员制度"的城市。做企业的都知道一句话，叫"存在决定销售"，也就是说产品要创造出来，摆到货架上才能实现销售。如果产品上不了架，再怎么宣传促销都是看不见的，不会产生销售。这就是我们做专员制度的一个根本原因。

▶ 要盯准市场主体，而不是市场的监管主体……旅游管理部门不是市场主体。我们的旅游促销专员要对市场主体——旅行社和游客去发力，要深耕海外客源市场。

▶ 我认为，旅游监管不能单纯地依赖于行政监管，应该是"行业监管＋舆论监管＋社会监管"三位一体，这是一种比较理想的监管模式。单纯地依赖行政处罚，还是观光阶段的监管思维和方式，因为你处罚了某个景区、某家旅行社，如果游客继续选择他，你也没办法。

▶ 我认为做旅游真的需要沉下心来精耕细作，旅游市场要生根，要清楚自己的底细，要知道自己的优劣势在哪里。

孙小荣：我这个系列访谈已经采访过北京市旅游发展委员会宋宇主任、河北省旅游发展委员会那书晨主任，在京津冀区域，就差天津了。非常荣幸您能分享您在天津旅游创新发展方面的经验和见解。

阳世昊：我很少媒体采访，我看过您的系列访谈，觉得比较有意思，包括宋宇主任和那主任都谈得很有深度，更多的是一种开放式的探讨和分享。咱们一起探讨对旅游的认识和看法，谈谈天津旅游的发展。就天津旅游而言，有些方面跟"515战略"是相吻合的，某些方面还有差距，要继续努力。

孙小荣：我做这个系列方案的初衷，就是想挖掘各地旅游的发展差异和差距，来透视在一个风起云涌般动态的变革环境下，各地旅游管理部门做出的积极探索和地方实践。

阳世昊：我是2013年到天津市旅游局任职，经过这几年的摸索和实践，我对旅游有一个深刻的认识，它是一个高度融合的产业——没有一个5A级景区、一家五星级酒店是旅游局亲自建的，也没有一条路、一座桥是旅游局修的，甚至连一棵树、一株草，也不是旅游局栽种的，但这些都成了旅游要素。所以，我们说旅游是高度融合的产业，所谓工旅结合、农旅结合、商旅结合、文旅结合、体旅结合都是旅游业发展的重要支撑，各行各业的资源都是旅游开发的"富矿"。

以前，常有人说天津工业立市，缺少旅游资源，实非如此，工业大发展带来了经济繁荣，为服务业发展创造了条件，才有了旅游业发展的基础。思路一变天地宽，我认为，旅游业要树立"服务别人就是发展自己"的理念，及时把各行各业建设成果整合转化为旅游资源，打造成旅游产品。从其他行业"+旅游"入手，使其他部门和行业先受益，最终实现"旅游+"的目的。

为此，我们积极探索建立共建共享、相融相通的旅游发展新路径：一是，致力于发挥市旅游委综合协调作用，分管市领导每年召集会议，研究推动旅游业发展中的重点难点问题；二是，建立了局领导班子与市旅游委各单位对口联系工作的机制，组织各成员单位联络员下基层调研帮扶，为各区上门送服务，解决涉旅问题，努力让旅游业"形成最大公约数、画出最大同心圆"。

孙小荣：这也就是"旅游+"还是"+旅游"的辩证关系。从本质上说，旅游具有依附性，它总是依附在别的优势行业、优势资源和特色产业上发展的，说到底就是"锦上添花"，为其他行业带来附加值。

阳世昊：我认为这有一个转变的过程，刚开始是其他行业"+旅游"，逐步实现"旅游+其他行业"，就是旅游业给其他行业带来新的发展机遇和增值空间。这种局面也不可能是全局，只能是局部，像一些优秀的旅游城市旅游资源足够丰富，所有行业都是围绕服务旅游来发展，就形成"旅游+"的格局。

这跟"厕所革命"是一个道理。我认为，抓厕所革命就是抓城市公共服务体系建设。旅游是最重要的基础设施，旅游服务水平的高低体现了一个城市综合服务能力的高低。"旅游厕所"是一个局部，但城市公共服务体系建设是一个整体。

旅游公共服务水平体现城市综合服务能力的高低，是政府职能调整、实施供给侧结构性改革的重要一环，也是发展全域旅游的基础要义。当前，旅游市场大众化、散客化、休闲化趋势愈加明显，旅游基础设施和配套服务滞后于旅游市场需求，成为制约旅游业发展的瓶颈问题。细节决定成败，服务提升形象。

国家旅游局坚持问题导向，从游客最细微的如厕体验抓起，在全国范围内掀起厕所革命。习近平总书记对厕所革命做出重要指示，汪洋副总理也做出了重要批示。厕所革命成为旅游公共服务的一个突破口，正在推动着旅游公共服务体系构建、文明旅游新形象塑造。

公共服务设施建设是天津旅游工作的发力点。我们尝试在天津市29个4A级以上的景区成立天津旅游咨询服务中心，景区之间互相宣传。同时还跟邮政局合作，把主要街区的报刊亭辟出一块作为游客咨询亭。另外，我们也支持社会资本，收购一些报刊亭，统一改造，统一包装，推出50个独立的天津旅游咨询服务亭和宣传广告载体。这些报刊亭不卖报纸杂志，只卖特色旅游商品，同时，尝试提供景区门票、饮料等的售卖，能够更好地提供便民、便客服务。

近年来，我们在市容园林、交通运输、公安交管等部门的大力支持配合下，加快推进了厕所革命，设立专业智慧型"城市旅游咨询中心"，完善旅游标识牌。在公共服务设施建设的实践中，需要各区政府、各相关部门持续加大支持配合力度，要调动社会各方面力量投身参与，不断完善全域全程、主客共享的旅游公共服务体系。特别是有关部门在开展城市基础设施建设的同时，把旅游需求普遍纳入社会公共服务需求中，为旅游基础设施和公益设施预留空间、统筹推进。

孙小荣：其实"全域旅游"的理念，就是要求城市空间及各种功能更加开放、共建、共享，提升综合服务水平，进而提升综合消费水平。

阳世昊：我特别赞成李金早局长提出的"全域旅游"发展理念，全域旅游就是要"一把手管理"，就是要把整个城市建设得跟景区一样。要实现全域旅游，首先城市公共服务体系得做到位。要做到这一点，必须由一把手牵头，设立旅游综合协调机制，打通行业部门的壁垒，解决水流不到头的问题。这是我刚才谈到了两个核心：一个是旅游业要"服务别人，发展自己"；第二个是旅游发展需要各个部门齐抓共管。

我认为旅游工作的第三个核心，应该是宣传推广城市形象，做好促销工作。习总书记讲，要讲好中国故事，传播好中国声音。我们要说好天津故事，塑造故事天津的形象。重点做好两项工作：一要把天津的历史文化资源和自然资源深度地整合开发好，说好天津故事、塑造"天天乐道 津津有味"的故事天津形象；二要把各单位和各区城市建设的最新成果宣传出去，充分展示美丽天津建设的新成果。

另外，抓住用好京津冀协同发展国家战略机遇，我们要明确自身定位，做好北京的"海上国门港"、京津冀的"海上门户"，在促进京津冀旅游协同发展、借重首都资源工作中，把天津宣传出去。

为了更好地对接国家旅游局境外办事处，更有效地开展境外宣传促销，我们建立了促销专员制度，建立了 10 个语种旅游资讯网站。明确了航班开到哪里，天津旅游的促销就跟到哪里的思路。

中国旅游产业博览会已连续成功举办了八届，成为向世界展示天津旅游形象的一大盛会，更是扩大天津对外影响力的重要途径，每一届旅博会都会吸引众多境内外参展商、采购商前来参展。经过近年来的努力，旅博会在市场化运作上成功破题，2016 年实现了接待规模 27.6 万人次、交易额 28.5 亿元的新突破。

孙小荣：我对境外促销专员制度很感兴趣，您能不能详细谈一下？

阳世昊：天津可能是第一个推出"旅游促销专员制度"的城市。做企业的都知道一句话，叫"存在决定销售"，也就是说产品要创造出来，摆到货架上才能实现销售。如果产品上不了架，再怎么宣传促销都是看不见的，不会产生销售。这就是我们做专员制度的一个根本原因。天津的旅游产品只要进入目标客源地大旅行社向游客推广的行程单，就会有游客选择。

我们在全局挑选英语六级以上，或者会小语种的干部，成立美墨、澳新、日韩、俄法、西意、德欧等客源地促销专员，跟当地旅游部门、旅行商、旅行社等保持联系，关注客源地旅游市场动向，邀请他们来到天津踩线、参加在天津举办的中国旅游产业博览会，同时我们也组团去参加客源地的产业展会，促成天津旅行社跟客源地旅行社的结对合作，形成一个双向交流互通的模式。同时，借助国家局驻外办事机构提供的信息和便利，做好天津旅游的海外宣传。

我们做客源地促销专员的目的，就是要盯准市场主体，而不是市场的监管主体。我们原来做促销宣传工作都是对市场的监管主体做工作，到哪个国家就去找哪个国家的旅游管理部门。找旅游管理部门对接是没错的，但他们只是个桥梁和纽带，我们可以要求他们对我方游客利益提供保障，对我方在客源地的营销宣传提供帮助和便利，但旅游管理部门不是市场主体。我们的旅游促销专员要对市场主体——旅行社和游客去发力，要深耕海外客源市场。

孙小荣：您在前面提到了行业监管，国家旅游局近两年通过摘牌、处分、警告等方式加大对景区服务管理质量的监管。"515 战略"推行以来，在不文明行为整治、旅行社、酒店等领域也是频出重拳。您如何看待行业监管？

阳世昊：旅游市场"一丑遮百好"，市场秩序整顿涉及整个城市形象。国务院下大力量整治旅游秩序，出台了《关于加强旅游市场综合监管的通知》（国办发〔2016〕5 号），联合有关部门开展了一系列明察暗访，对旅游市场秩序问题实行一票否决，这是今后旅游市场监管工作的常态。结合天津实际，市政府出台了《关于加强我市旅游市场综合监管的通知》（津政办发〔2016〕77号），明确12家涉旅部门和16个区的"责任清单"，标志着天津市旅游市场综合监管进入制度化、常态化的新阶段。

我认为，旅游监管不能单纯地依赖于行政监管，应该是"行业监管＋舆论监管＋社会监管"三位一体，这是一种比较理想的监管模式。单纯地依赖行政处罚，还是观光阶段的监管思维和方式，因为你处罚了某个景区、某家旅行社，如果游客继续选择他，你也没办法。

这里面存在的问题是双向的，企业想方设法利润最大化，游客千方百计追求物美价廉，这就是矛盾。根本上来说，游客的消费观念也要提升。不能只怪旅行社和导游。旅行社讲诚信，游客也要讲诚信；导游讲文明，游客也要讲文明；经营者和消费者都有责任维护有序的市场环境。不能说旅行社和导游存在问题，游客一点责任也没有。一个巴掌拍不响，一切矛盾都是双向的。

经过不断摸索，我们归结了一套旅游市场整治的天津经验：建立了问题曝光机制，利用媒体阵地，对涉嫌违法违规经营行为企业的信用信息进行公示，形成强大的舆论震慑力；建立了旅游执法联动协作机制和涉旅投诉案件转办机制，加强与京冀旅游执法部门和我市涉旅执法部门的合作；深入推行出境游保证金"第三方存管"，防范出境游押金风险；完善约谈机制，加大旅游市场检查力度和行政处罚力度。

市场秩序的整顿要久久为功、持续用力，特别是发挥好各区旅游部门的作用。当前，我们正在建设监管的一张网，把旅游监管的重要点位纳入网中，按照"战区制"落实属地责任，实现"拉网作战""一网打尽"。

孙小荣：其实相对于北京，天津也有自身的优势，从21世纪是海洋经济时代的角度来考量，天津港口城市的优势在未来会表现得更明显。

阳世昊：天津旅游是非常有潜力的，我们现在就要加大宣传，让更多人知道北京边儿上有一个跟北京不一样风格的文化旅游城市。毛主席当年就说过，"北京四合院，天津小洋楼"。北京是皇家文化，天津是海派文化，洋务运动给天津留下深远的影响，在天津五大道能找到一些非常具有异域风情和小资情调的场所。

有一次我一大早从北京坐高铁赶回天津，因为太早街上人少，我就乘公交回单位，那是我第一次看到天津的美。平常我们坐在出租车里看不见，因为公交车高，就能看到天津流动的风情，下了公交车，我一直步行到单位，的确非常美。还有我们的海河，有人说"天津海河比塞纳河还要美"，听到这句话可能有人会笑，可当他真正泛舟游海河，尤其是体验过夜游海河之后，他就会相信这是真的，就会感到惊讶。天津需要慢游，真正知道、了解天津的人太少，这座城市的美，更多地在细节处。

天津"十三五"规划提了个新定位，叫"国门港·世界城"，天津港是世界第四大港口，我们要打造一个世界性的城市，要拿出专门的资金支持邮轮、游艇业、房车营地的发展。邮轮、游艇是海上生活方式，房车营地是车上生活方式，我们要把房车和邮轮、游艇的生活方式这个新理念宣传好，把整个业态的产业链相关配套完善好。京津冀游客要乘邮轮往返日韩，必须要游经天津港，这就是我们的优势。

总之，我认为做旅游真的需要沉下心来精耕细作，旅游市场要生根，要清楚自己的底细，要知道自己的优劣势在哪里。

万以学

"中国旅游从黄山再起步"
对安徽是一种极大鼓舞

安徽

访谈时间：2016 年 1 月 19 日
访谈地点：合肥·安徽省旅游局
访谈人物：安徽省旅游局局长 万以学

精彩观点

▶ 李金早局长登上黄山说，"中国旅游从黄山再起步"，业界也有声音说，这是一种跨越时空的历史呼应。因为1979年邓小平的"黄山讲话"，基本上确立了中国旅游发展的框架，即便是今天，很多理念我们还在践行，他的指示，并不过时，具有现实感。"中国旅游从黄山再起步"这句话，对安徽旅游发展来说，是一种极大的鼓舞。

▶ 安徽旅游发展的思考，我总结了三句话：一是解放思想，黄金万两；二是目标引领，问题导向；三是细针密线，久久为功。也就是说，在旅游业蓬勃发展的时期，我们需要更加振奋精神，更加增强理性，要只争朝夕，但也急不得，躁不得。结合国家战略，借势发展潮流，根据自己的实际现状，选择好自己的发展路径，才是比较靠谱的。

▶ 抓产业促进就是抓项目投资，抓住了投资可以说就抓住了未来。这个任务很艰巨，这方面要同时解决投资不足和投资结构不合理问题。一个不可否认的现象是，旅游业也存在由于盲目开发，出现观光产品过剩，导致无效投资和重复建设。

▶ 旅游扶贫是一项功在当下，利在千秋的大工程。就安徽而言，旅游扶贫也是推动皖南、皖中、皖北实现均衡发展，特别是帮助像大别山这样的革命老区脱贫致富的现实路径。

▶ 公共服务是政府的职责，不能全推给企业。游客到一座城市找不到吃饭的地方，找不到上厕所的地方，找不到购物的地方，自驾车队来了，没有清晰的标识引导，没有便利的汽车营地停泊补充供给，这是政府城市管理的失职。

▶　美誉度的提升就是要找问题，而不是害怕有人找问题。如果大家言论都是一边倒，尤其是在当下这种太碎片化的媒体语境中，是非常危险的。实际上这是逆向思维，要辩证地看，美誉度要从多个维度来考量，而不是谁一语定乾坤的美誉度。

孙小荣：在采访您之前，我刚刚给黄山做了一堂"旅游+"的培训讲课，其实也不是讲课，我就是分享在2015年行走、观察的过程中，发现的一些具有代表意义的故事和现象，我用讲故事的方式来理解"旅游+"。这几年来，我对安徽旅游有持续的观察和研究，在黄山讲课时，我提出"黄山是一座山"和"黄山不仅仅是一座山"这两个概念，放在安徽旅游发展的大格局中来理解。包括2015年国家旅游局把全国乡村旅游提升与旅游扶贫推进会议放在黄山召开，批准创建环巢湖国家旅游休闲区试点等，我认为对安徽旅游的地位及其价值，都有非常重要的意义。您如何看待这一年的旅游发展？

万以学：以前看过你写安徽旅游品牌定位及营销推广的文章，虽然是一种批判，但我认为你这种批判是建立在深度调研基础之上的理性批判，说实话，我看了几遍，从中看到了一些具有建设性的意见。所以，借此机会，向你长期以来对安徽旅游的关注和研究表示感谢！这不是客套话，我非常喜欢这样具有深度见解和建设性的研究性报道，对于我们而言，这是一种难得的促进动力。

我是2014年8月接手安徽省旅游局的工作，李金早局长是10月底调任国家旅游局。然后2015年年初全国旅游工作会议上，李金早局长以报告的形式，提出了"515战略"。我以前在铜陵、黄山等旅游城市基层工作，有一些发展旅游的经验，但是毕竟是地方，视野、格局都有限。我到省旅游局三四个月的时间，一直在调研和思考，安徽旅游的未来究竟该选择怎样的定位和战略路径。刚好赶上"515战略"

的提出和推行，这对于我从一个更宽广的层面，更宏观的高度理解中国旅游的发展态势，理解安徽旅游的发展定位，都具有非常及时的指导意义。

孙小荣：由于这重关系，您是不是对"515战略"有更加深刻、独到的理解？

万以学：当然是非常受益。经过一年的推行，结合我们安徽旅游以"515战略"为行动纲领的实践，整体而言，我有两个突出感受：

一、"515战略"是跳出旅游看旅游。"515战略"不是单纯地就旅游而论旅游，而是把旅游放在全国整体发展的大格局中去思考，站位高，视野非常开阔，提出了很多新观点、新观念，我认为这有助于我们从更宽广的一个维度思考旅游业的发展。

二、"515战略"打了一套组合拳。这个大家都深有体会，"515战略"的各项举措一环接一环，一个接一个地在推行，而且是快、准、稳、重，不管是业界，还是社会，对于旅游业发展的关注，对于旅游行业各种现象掀起的舆论，可以说是前所未有的，营造了积极的发展氛围。不管是什么报告、政策，还是战略，发文、颁布是一回事，能不能保障顺利落地执行，是另一回事。这一年，我们看到了中国旅游积极作为、勇于担当的高昂姿态，抓的都是重点工作，解决的都是这些年来沉积下来的顽疾问题。我认为，这是推动中国旅游业发展的正能量。

2015 年，中国旅游在国家旅游局的带领下，通过 "515 战略" 的持续、有效推行，全行业出现了一种新面貌，吹起了一股新风尚，而且产生了积极的溢出效应，像文明旅游、市场整顿、旅游扶贫、旅游外交等方面积极作为引发的溢出效应，已经辐射到全社会的各个领域，让旅游突破行业局限，更好地服务于和谐社会风尚的构建，服务于国家战略的实施。

这种现象客观上让蓬勃发展的旅游业，得到了全社会的高度关注，并在各个部门之间，达成了普遍共识。2015 年开了个好局，这也为 "十三五" 时期中国旅游的发展奠定了良好的基础，团结了行业内外的力量。

孙小荣：我们知道，1979 年邓小平的 "黄山讲话" 掀开了中国现代旅游业发展的大幕，安徽以黄山为依托，也是中国旅游产业发展的先行区。正因为有这个历史背景，安徽旅游发展也一直深受业界关注。您是如何理解安徽旅游的？

万以学：安徽不仅仅是中国现代旅游发展的起点，更是中国改革开放的起点，凤阳县小岗村就因首先实行 "大包干" 而闻名全国，这是改革开放的前奏；中国旅游第一股也是黄山旅游股份；汪洋副总理当年在铜陵主政时，掀起了影响全国的 "解放思想大讨论"；安徽举全省之力提出 "两山一湖" 发展战略，也是全国较早围绕全省核心资源来制定旅游规划的省份，这些例子都说明，安徽在体制创新改革，在旅游业的先行先创方面，一直没有停止过。

2015 年 8 月，全国乡村旅游提升与旅游扶贫推进会议在黄山召开，尤其是李金早局长登上黄山说，"中国旅游从黄山再起步"，业界也有声音说，这是一种跨越时空的历史呼应。因为 1979 年邓小平的"黄山讲话"，基本上确立了中国旅游发展的框架，即便是今天，很多理念我们还在践行，他的指示，并不过时，具有现实感。

可以说，李金早局长的"中国旅游从黄山再起步"这句话，对安徽旅游发展来说，是一种极大的鼓舞。

安徽在整个中国的版图中，处于不南不北，不东不西这样一个区域，她是中国国情的一个"缩小版"，从空间上看，皖南、皖北、皖西、皖中四大板块，无论从文化传统、资源禀赋、人口规模、经济发展，差别迥异，从时间上看，有的地区已经进入工业化中期或工业化后期，有的地区还没有脱贫。黄山在建设和管理服务上，不仅执行国际标准，而且还创造了国际标准，但是像皖中、皖北，旅游业的发展才刚刚起步。发展安徽旅游，是最适合成为践行"创新、协调、绿色、开放、共享"五大理念的"实验田"。

对于安徽旅游发展的思考，我总结了三句话：一是解放思想，黄金万两；二是目标引领，问题导向；三是细针密线，久久为功。也就是说，在旅游业蓬勃发展的时期，我们需要更加振奋精神，更加增强理性，要只争朝夕，但也急不得，躁不得。结合国家战略，借势发展潮流，根据自己的实际现状，选择好自己的发展路径，才是比较靠谱的。

孙小荣：有没有具体的举措来实现您刚才说到的这些发展思考？

万以学：首先是抓观念意识。在"515战略"的指导下，安徽省政府出台了《关于促进旅游业改革发展的实施意见》、《关于进一步促进旅游投资和消费的实施意见》两个文件，省旅游局也出台了《加快推进"旅游＋互联网"全面提升安徽省旅游业智慧水平》的实施方案，还专门召开全省旅游产业发展大会等，全省16个市政府一把手市长集体发声，给予响应，对形成大的工作格局，把产业空间布局、新业态布局拉开，把人力资源、资金、部门分工等落到实处，起到了积极促进作用。当前，重点是深入分析"供给侧结构性改革"中的旅游定位，引导社会进一步深入认识旅游业的地位作用。把部门、行业的认识推广出去，形成全社会的共识。

第二个是抓产业促进。抓产业促进就是抓项目投资，抓住了投资可以说就抓住了未来。这个任务很艰巨，这方面要同时解决投资不足和投资结构不合理问题。一个不可否认的现象是，旅游业也存在由于盲目开发，出现观光产品过剩，导致无效投资和重复建设。安徽现在的投资重点是旅游综合体、乡村旅游、旅游小镇、城市休闲街区，其他还有一些如汽车露营地、研学基地等新业态。我们启动"335"行动计划，即未来3年，推进3000个重点旅游项目建设，完成投资额总计不少于5000亿元。我们目前的情况是，全省在建亿元以上重点项目

1442 个，完成投资 2025 亿元，其中有 17 个项目入选《2015 年中国旅游投资优选项目》。2015 年的旅游项目投资总额达到 2000 亿。特别说一下，这方面我们有一个非常好的态势，即大的工商资本、民营资本投资旅游势头很猛。这非常符合供给侧结构性改革要求。

第三个是抓乡村旅游。乡村旅游是安徽旅游的一大特色，尤其是安徽保留下来的有历史，有名人，有故事的古村落比较多，乡村旅游的发展起步早，通过抓乡村旅游实现全域旅游、实现脱贫致富的观念基本确立。像皖南的民宿客栈，很多游客包括海外游客来体验后都很羡慕。我们组织召开全省乡村旅游投资大会、民宿大会、自驾游大会等，推动力和效果还是不错的。2015 年全省乡村旅游接待游客约 2.84 亿人次，占全省接待人次的 66%，实现旅游总收入 2000 多亿元，约占全省旅游收入的 53%，直接和间接就业人数达到 306 万人。同时，我们也在积极推动乡村旅游人才培训计划，"一本书，一个人，一堂课"往往价值难以估量，我相信坚持搞个两三年，乡村旅游发展会有质与量的双重提升。

第四是抓公共服务。2015 年，在完善旅游公共服务方面，我们的调整幅度很大，包括旅游专项资金使用方式，主要用于旅游厕所、智慧旅游、景区标识等基础设施。今年计划再扩大范围，做一些"旅游驿站"这样的公共服务产品。另一方面，也调动其他各部门的积极性，我们省旅游局跟省委组织部、文明办、交通厅、公安厅、工商局、中医药局、文化厅、体育局、农委等部门都有很好合作，并具体发了文。

实际上，"旅游+"的概念出来后，像农委、中医药局、文化厅、体育局等部门的积极性都非常高，他们也要借势旅游做一些事情。

第五是抓品牌营销。这方面我们做了一些开创性的工作，比如围绕"美丽安徽行"这个品牌形象，我们推出"1+N"宣传模式，就是依托一家主流媒体做深度内容营销，整合其他各类媒体形成立体化的传播矩阵，整合省内各地资源，推进单一景区营销转向全域一体化营销。围绕"一带一路"战略，举办"1+10"恳谈会，即皖南国际文化旅游示范区和东盟十国合作举办恳谈会，我们想以后将这个合作机制搞成一个每年一届的峰会，打造成一个具有国际影响力的平台。整合黄山、九华山、天柱山等安徽山岳景区，联合省外22家5A级山岳景区成立"中国山岳旅游联盟"，产生了很好的社会影响。包括高铁旅游整合营销，以及到韩国、中国台湾、俄罗斯等境外重点客源地做系列推介会等，都取得了非常好的效果。

孙小荣："中国旅游从黄山再起步"，我觉得这句话充满豪情壮志和时代力量感，也是新时期赋予安徽旅游的一种新使命。那么，在"十三五"开局之年，安徽旅游如何"再起步"？

万以学：安徽省委省政府出台文件，明确提出"十三五"建设"旅游强省"，打造美丽旅游、幸福旅游、智慧旅游、信用旅游。那么，围绕这一总体要求，我们大体上形成了2016年的工作重点：

一是进一步扩大旅游投资和消费。前面我说了，主要还是追求有效投资和有效的产品供给。进一步推动旅游产业、行业发展的市场化，以市场需求为主导，提高有效供给，尤其是要提升中高端的旅游产品供给。整体的理念和策略，还是稳定观光旅游，在休闲度假新业态方面做实工作，形成突破。

二是进一步推进旅游精准扶贫。 旅游扶贫是一项功在当下，利在千秋的大工程。就安徽而言，旅游扶贫也是推动皖南、皖中、皖北实现均衡发展，特别是帮助像大别山这样的革命老区脱贫致富的现实路径。

三是进一步提升品牌影响力。 以黄山、九华山为核心的世界一流旅游目的地的皖南国际旅游文化示范区已具雏形，要将它打造成真正具有世界影响力的品牌。同时，加快环巢湖国家旅游休闲区的建设。以两大区为主要依托，辅之以特色乡村旅游和新业态新型休闲度假区的扶持开发，推动安徽全域旅游发展格局的构建。

四是进一步优化消费环境，完善公共服务。 公共服务是政府的职责，不能全推给企业。游客到一座城市找不到吃饭的地方，找不到上厕所的地方，找不到购物的地方，自驾车队来了，没有清晰的标识引导，没有便利的汽车营地停泊补充供给，这是政府城市管理的失职。

五是进一步提高安徽旅游美誉度。 美誉度的提升就是要找问题，而不是害怕有人找问题。举个例子，过去铜陵没有知名度，汪洋副总理当年在铜陵搞了解放思想大讨论后，全国人民都知道了铜陵这座城市。大讨论就是找问题，最后的结果是塑造了一座城市的好形象。你去年写文章批判我们的形象定位和营销做得不好，分析得有理有据，我欢迎这样的质疑和批判。如果大家言论都是一边倒，尤其是在当下这种太碎片化的媒体语境中，是非常危险的。实际上这是逆向思维，要辩证地看，美誉度要从多个维度来考量，而不是谁一语定乾坤的美誉度。

六是进一步强化市场监管，提升满意度。旅游是一个兴盛的行业，发展比较快，管理跟不上它发展的步伐，所以现在出现很多问题。市场是产业的基础，没有文明、有序、诚信的市场环境，不仅满意度无从谈起，产业发展也是空中楼阁。所以，强化旅游市场监管，也是我们打造"四个旅游"的核心工作。

总之，在 2016 年，安徽旅游会重点围绕中央十八届五中全会提出的"五大理念"、供给侧结构性改革以及"515 战略"的相关举措，积极主动调结构转方式促升级，充分释放安徽的旅游发展活力，努力为中国旅游的发展做出新贡献。

曾颖如

广东旅游创新发展的新选择

访谈时间：2016 年 1 月 18 日
访谈地点：广州·广东省旅游局
访谈人物：广东省旅游局局长 曾颖如

🎙️ 精彩观点

▶ 华侨城和长隆主题公园正是广东旅游休闲的重要载体，也传承了广东敢为人先的精神。像这种新型的、复合式的，集旅游、观光、休闲、度假为一体的创新产品，在广东能够生根发展，恰恰说明我们广东具备休闲度假的市场基础。

▶ 休闲度假的思维，应该是想到一个地方，会想起它优质的环境，一种生活化的场景，比如住宿环境的好坏，美食口味的好坏，购物娱乐体验的好坏，甚至是去任何一个地方的交通通达度是否良好、居民是否热情，是否好客，空气质量是否好，等等，关注体验感、舒适度才是休闲度假思维。

▶ 我们有一个整体定位，也是战略目标，就是要把广东打造成"世界休闲旅游目的地"，这个目标是我们"十三五"时期的重心工作，也是广东旅游发展到今天一个必然的选择。

▶ 现在要做的不是急于规模扩张，是要稳步推进，建立完善的投融资平台，为投资企业做好服务，既抓好已有的项目，又重点开发一些新业态，培育一大批优质的骨干项目。

▶ 旅游这个行业，看似门槛低，谁都能说几句，但是往深了做，也是隔行如隔山。

▶ 需要强调的一点是，旅游业需要各个部门共同合作才能更好地发展，就旅游一个部门单打独斗很难发展，只有各个部门通力合作、达成共识、形成合力，才能推动旅游业发展在"供给侧改革"背景下发挥更加积极的作用。

孙小荣：在跟您见面之前，我先到惠州考察了五天，之前经常来广东，但大多数都是到一个城市某个酒店开个会，会开完了就直接走了，一直没有深入地体验、了解广东。这次感谢惠州旅游局黄细花局长的邀请，可以说，让我完成了一个深度体验广东的梦想。

曾颖如：那以后得多到我们广东各个地方考察调研，其实广东还有很多的旅游资源可以说是藏在深闺无人知，需要挖掘、开发、对外推广。这次到惠州，感觉怎么样？

孙小荣：整体而言，非常好，尤其是在冬季这样一个季节，我一个北方人，从北京出发时穿着羽绒服、毛衣毛裤，一路过来一路减衣服，现在就穿着单衣，也觉得非常舒适。所以，我发微信朋友圈时也说，广东的气候太适合北方人在冬天来旅游度假。另外，这次我给黄细花局长说，我想更多地去尚未开发的区域，尤其是一些古镇古村落去看看，黄局长也满足了我的要求，安排导游带我看了一些待开发的旅游资源。

从资源禀赋上来看，我感觉还是比较丰富多元的。惠州是山海相依，生态环境保护得好，空气优良。在罗浮山，我看到那个景区实时显示的电子屏，PM2.5 是 14.5，负氧离子浓度达到 1700 多个，我开玩笑说，像我这样刚刚逃离北京雾霾的人，会不会氧气中毒。而且惠州它紧靠着像广州、深圳、东莞等这样大型的工业城市群，能有这样优质的生态，是非常难得的，还保留着像平海古城、香溪堡、旭日村等古村落。尤其是双月湾，在山上俯瞰，太壮观了。但是我感觉都还有待于更精细的开发，我认为这也是惠州旅游未来的发展存量和潜力所在。

曾颖如：广东旅游是有气候优势和环境优势的。刚才你提到的感受和发现正好和我们重点推动的一些工作相契合。

一是暖冬旅游。广东温暖的冬半年气候条件正在逐步成为强劲的旅游吸引要素，吸引越来越多的游客来粤避寒度假。广东一些地区开始将暖冬气候资源与其他旅游资源整合，开发出"养生养老游"、"海岛游"、"过大年"等暖冬旅游产品。而且我们正加大对暖冬旅游市场的开拓和促销力度，比如 2013 年冬季，广东省旅游局和吉林省旅游局联合主办了以"不一样的冬天，一样的精彩"为主题的广东、吉林"交换冬天"互动交流活动，实现市场互换、游客互送，共同诠释了一个冬季旅游新概念。除了惠州以外，粤西的雷州半岛、环珠江口旅游城市群也具备发展暖冬旅游的条件。对于暖冬旅游，我们还准备提出类似"广东的冬天，同夏天一样精彩"的宣传口号。

二是滨海旅游。广东濒临南海，全省大陆岸线长 4114.3 公里，居全国首位；岛屿面积 1500 多平方公里，居全国第三位；海域总面积 41.9 万平方公里，拥有多样的海岸类型和丰富的滨海资源。阳江海陵岛、汕头南澳岛、汕尾红海湾、茂名放鸡岛等各具特色，可以说，广东的滨海旅游还有很多潜力有待挖掘。

你刚才说的这种体验很有价值。我去年 8 月到省旅游局工作，我就是想知道广东旅游在外地游客的眼中，它到底是一个怎样的直观形象，或者说一个外地游客，他怎样来评价我们广东旅游，广东给游客带来的体验是什么，哪些资源和产品是他们真正感兴趣的，哪些服务存在不足，需要我们完善等等，我认为搞清楚这些问题，可以给我们未来旅游发展的工作重心确立方向，也是我们做出决策的一个很重要的依据。

孙小荣：广东是旅游大省，但是对于游客，或者对于像我这样的行业观察者而言，广东的旅游符号不是很具象，想起广东，更多的人会想起广东的美食，这几年有所改变，有华侨城和长隆主题乐园，也就是说新型的主题公园成了广东最鲜明的旅游形象符号，而不是像其他省区那样，是先天性的自然资源或文化遗址是主导，是核心吸引物。

曾颖如：可以说这是我们的劣势，也是优势。劣势是像你说的，广东的旅游形象不是很具体。优势是什么？这也是我最近思考的结果，说出来跟你讨论。为什么像你说的那样，华侨城、长隆主题乐园等新型休闲度假产品成为广东旅游的标志，可能从另一个方面说明，广东旅游已经过了观光时代，全面迈向休闲度假时代。

广东的消费能力是领先的。2015 年，广东预计实现地区生产总值超过 7 万亿元，人均生产总值超万亿美元，第三产业比重在历史上首次突破 50%，旅游业增加值达到 4663 亿元，增长 11.8％，占地区生产总值的 6.8%。国际说法是人均 GDP 超过 3000 美元，就进入全面休闲度假时代。广东早在 2009 年的时候，就经国家旅游局批准，成为全国率先实行"国民旅游休闲计划"的省份。

华侨城和长隆主题公园正是广东旅游休闲的重要载体，也传承了广东敢为人先的精神。像这种新型的、复合式的，集旅游、观光、休闲、度假为一体的创新产品，在广东能够生根发展，恰恰说明我们广东具备休闲度假的市场基础。

孙小荣：也就是说，广东的旅游形象不具象，可能存在这些深层次的原因，它是由市场需求决定的，不能以观光时代的眼光来考量广东旅游。

曾颖如：对，休闲度假的思维，应该是想到一个地方，会想起它优质的环境，一种生活化的场景，比如住宿环境的好坏，美食口味的好坏，购物娱乐体验的好坏，甚至是去任何一个地方的交通通达度是否良好、居民是否热情，是否好客，空气质量是否好，等等，关注体验感、舒适度才是休闲度假思维。

孙小荣：我认为您的这种思维逻辑和观点非常好，也改变了我对广东的认识。我认为，作为一位新晋的旅游局长，能够有这样深度的思考，并清晰地表达出来的，完全是知根知底的行家里手。这也是我在访谈中，一直期待能够出现的，就是这样一种有争鸣，有争锋的状态。

曾颖如：这仅是我个人对广东旅游的一种理解。我这是到了旅游局后第一次接受这样深度的访谈,也是第一次说自己对旅游这个产业、行业的一些理解。其实,到了旅游局后,我一直在学习,包括国家旅游局的"515战略"报告,李金早局长的关于"旅游+"、厕所革命等几篇文章,我都研读了很多遍。平时还关注很多旅游界的微信公号,包括你的"小荣说",每天都看很多有见地、有深度的文章,来给自己补课。

对于我而言,我认为"515战略"特别好。一是有国家战略高度,格局视野非常开阔;二是措施非常精准,明确了为什么要干,从哪些方面干,以及怎么去干的问题,非常具有指导性。

我一直在思考旅游局作为政府旅游管理部门,我们到底该为当地的普通老百姓、为外来的游客提供什么样的产品,什么样的服务,什么样的管理水平?我们旅游局的核心职能到底是什么?我们怎么样才能把旅游工作跟国家,还有我们地方党政的中心工作结合起来?像广东这样的边境省份、改革开放的桥头堡,作为"一带一路"国家战略的重要区域,怎样在旅游外交中发挥积极的作用?

那么,这些问题可以说"515战略"都给出了答案。

孙小荣:您认为广东旅游未来的重点突破方向在哪里?或者说,您对广东旅游"十三五"时期的发展,有着怎样的构想?

曾颖如:我们有一个整体定位,也是战略目标,就是要把广东打造成"世界休闲旅游目的地",这个目标是我们"十三五"时期的重心工作,也是广东旅游发展到今天一个必然的选择。

围绕打造"世界休闲旅游目的地"这个目标,我们准备先从几个方面着手:

一是政策推动。前不久,我们推动省政府出台了《广东省人民政府关于促进旅游业改革发展的实施意见》,这是省政府层面出台的一个促进旅游业改革发展的纲领性、指导性文件,也是广东结合实际落实"515战略"的一项举措。我们提出的目标是,到2020年,全省接待过夜游客总量超过5亿人次,境内旅游总消费额达到1.6万亿元,旅游业增加值占国内生产总值比重超过7%,并围绕这个目标制定了分步骤、分阶段的计划。未来贯彻落实这份文件,将成为广东旅游系统的一项重要任务。

二是品牌整合。最近我们准备推出八大专项旅游品牌,除了刚才提到的暖冬旅游和滨海旅游,还包括乡村旅游、美食旅游、亲子旅游、游学旅游、商务会展旅游、历史旅游等6项。我们将建立新媒体联盟,做好形象策划和品牌整合以后,通过新媒体传播出去。

三是加强与"一带一路"沿线国家和地区的合作,特别是粤港澳旅游交流合作。我们一直致力于以"海上丝绸之路"为重点,打造广东旅游对外开放合作新平台。比如广东(国际)旅游产业博览会、广东国际旅游文化节等,去年已经邀请"一带一路"沿线重要国家的旅游部长、旅行商来参会参展，促成 74 个旅游招商项目签约、涉及金额达 1653.2 亿元，为全球 51 个国家和地区的旅游机构、企业搭建了交流交易、展示形象、合作发展平台。我们还在广东主要客源国分别设立了 21 个海外推广中心。

孙小荣：由于毗邻港澳，广东也是接待入境游客人数最高的省份，包括整个中国的入境游，其实港澳游客，或者经由港澳到内地的入境游客占比较大，这也是广东迈向"世纪休闲旅游目的地"的一大优势，是广东开展一系列国际化合作的一大便利。

曾颖如：没错，所以粤港澳旅游合作是广东旅游实现"世界休闲旅游目的地"的重要依托。去年李金早局长在珠海考察时提出，希望珠海大胆探索，不断加强与港澳旅游合作，为"一国两制"的实施和港澳长期繁荣稳定作出贡献。目前，在横琴新区开业的长隆主题公园对粤港澳旅游业发展起到了巨大推动作用，前海、南沙、横琴三个粤港澳合作平台也在加快建设。我们将继续深化粤港澳旅游合作，全力推动粤港澳游艇自由行，优化"一程多站"产品线路，加强联合促销，共同打造粤港澳世界知名旅游区。

四是构建全域旅游。支持江门、珠海等市以全域旅游、主客共享理念为指导，推动旅游与城市发展定位相结合，全方位、全要素发展旅游。我们也注重跨领域合作，多领域借力，全领域推进旅游发展，比如，协调交通、土地、海洋等部门共同研究制定并落实旅游交通、用地、用岛政策。

五是搭建旅游大项目投融资平台。我们在建的旅游大项目就有130多个，其中投资额超过1个亿元的项目有117个，总投资额达到3685亿元。现在要做的不是急于规模扩张，是要稳步推进，建立完善的投融资平台，为投资企业做好服务，既抓好已有的项目，又重点开发一些新业态，培育一大批优质的骨干项目。现在我们也请专业的策划机构，在帮助梳理、策划广东旅游的新业态，把资源存量和资金存量都利用好。同时，我们正在筹划成立广东省旅游发展基金。

六是打造一支国际化、专业化的旅游人才队伍。方向定了以后，人才是关键。最近我每次在局里开会都强调，旅游管理部门的干部一定要适应新形势，要有国际视野和互联网思维。我对局里干部的基本要求是，到了国外做旅游促销，英语要达到能日常沟通的水平，不求助于翻译。旅游这个行业，看似门槛低，谁都能说几句，但是往深了做，也是隔行如隔山。我鼓励旅游局的干部，特别是年轻干部，无论你现在在什么岗位，都要去了解这个行业的专业知识，至少别人问你评A、评星等行业标准的时候，你要回答得上来。

以上这些，仅仅是我们最近要做的，当然还有很多，我就不细说了。最后，需要强调的一点是，旅游业需要各个部门共同合作才能更好地发展，就旅游一个部门单打独斗很难发展，只有各个部门通力合作、达成共识、形成合力，才能推动旅游业发展在"供给侧改革"背景下发挥更加积极的作用。

陈建军

打造特色旅游名县推动全域扶贫

访谈时间：2016 年 1 月 11 日

访谈地点：南宁·广西旅游发展委员会

访谈人物：广西旅游发展委员会主任 陈建军

【注】2016 年 3 月，陈建军调任广西壮族自治区国土资源厅厅长，5 月任自治区国土资源厅党组书记。

🎤 精彩观点

▶ 为什么把"文明"放在五大目标的首位，就是因为文明是旅游根本属性，旅游的出现也是人类文明演变的结果，文明是旅游者的基本素养，也是保证旅游市场、旅游产业，乃至社会和谐发展的根本。野蛮人不懂旅游，只有求生存式的掠夺，文明人才有旅游的需求，才有享受生活的追求。

▶ "515战略"最大的一个特征，它不是一个白纸黑字的报告，一份固化的文件，它在保证整体目标定位不变的前提下，具有与时俱进、随机而动、灵活调整的生命成长性。

▶ 靠工业化路子实现广西的发展转型是不可能的。那么好在是，正是由于过去的经济不发达，交通不便，人口分散等劣势，让我们保留了许多优质的自然生态资源和文化民俗。这就是广西经济发展和产业转型最大的优势。

▶ 我们说授人以鱼，不如授人以渔，旅游业能够激活贫困地区的资源存量，能够拉动文化旅游项目的投资，能够让当地百姓通过参与旅游发展经营的各个环节，为游客提供服务，实现造血式的自主脱贫，这是非常好的扶贫途径。

▶ 我们推出了"世界是嘈杂的，广西是宁静的"新广告语。可以说从策划内涵、广告投放，到市场反应，都取得了非常好的效果，它也极大地凸显了我们广西的旅游资源优势，拓展了游客对广西的认知和想象。就外界反应而言，这也是广西旅游2015年最大的亮点。

▶ 　现在我们边境地区的国与国之间民间的自助游、自驾游的需求已经特别旺盛，但是我们没有更好地解决出入境的便利化问题，这是影响我们边境地区开展国际旅游合作的一个障碍。

孙小荣：从一个行业观察者的角度来看，广西旅游在 2015 年取得了很好的成绩。比如我知道的，根据 Trip Advisor 发布"2015 旅行者之选——全球最佳目的地"榜单，广西的龙胜、阳朔两个小县城晋级前十，这也从某种意义上说明，中国优质的县域旅游具备打造世界旅游目的地的可能性。第二个就是在业界引起轰动的"世界是嘈杂的，广西是宁静的"在微信朋友圈首推广告，不管是从广告定位，还是投放方式，可以说都给中国旅游品牌的创新营销带来了一股清新之风和新思维、新创举。当然，这只是我知道的两个比较有重大影响力的广西创举，还有更多我不知道，所以，我希望在这次访谈中，您能为我们多分享一些好故事和好观点。

既然是"515 战略"实施一周年访谈录，我想我们还是从这个命题本身出发，先请您综述一些这一年来，在实践落地工作中，对"515 战略"的整体感受和认知。

陈建军：首先感谢你对我们广西旅游发展动向的关注，并专程来广西做这样深入、系统的调研。我以前也关注过你的很多深度报道，对于广西旅游发展而言，我觉得这是我们的需要，也是我们的荣幸！

就"515 战略"而言，从新战略的提出、理念的阐述到各项举措的实施，到这一年来我们广西的推行落地实践来看，我个人有三个整体感受：

第一个是它具有开创性。这种开创性是基于对中国旅游当下的发展现状和阶段性特征的整体研判，它具有中国旅游过去的发展规律性，又具有未来发展的前瞻性，它是立足当下，回顾过去，着眼未来这样的一个逻辑。有了这个作为研判基础，使得这个体系化战略具有了历史纵深感和现实的可操作性。包括对五大问题的辨析，提出旅游拓展新六要素，对产业基础和市场基础的重新认识和定位等，都让我们对旅游业价值有了全新的认识。那么，对于我们基层旅游管理部门和旅游企业，以及旅游从业者而言，我们就更有自信和底气。

第二个是它具有逻辑性。 不管是五大目标，十大行动，还是五十二项举措，从排序到具体部署，都有非常严密的内在逻辑性。为什么把"文明"放在五大目标的首位，就是因为文明是旅游的根本属性，旅游的出现也是人类文明演变的结果，文明是旅游者的基本素养，也是保证旅游市场、旅游产业，乃至社会和谐发展的根本。野蛮人不懂旅游，只有求生存式的掠夺，文明人才有旅游的需求，才有享受生活的追求。为什么把市场秩序整治放在十大行动的首位？很简单，市场是基础，市场秩序不好，我们谈产业发展就是空谈。所以，"515战略"它整个体系的内在逻辑性特别严密，可以说环环相扣，有大有小，有轻重缓急，而且思路清、视野好、定位准、理念新、内涵深、分析透、目标明、举措实。对于我们基层而言，操作起来就有秩序感、节奏性和问题导向性，有序推进就容易出效果。

第三个是它具有生命性。 我认为这是"515战略"最大的一个特征。就是说它不是一个白纸黑字的报告，一份固化的文件，它在保证整体目标定位不变的前提下，具有与时俱进、随机而动、灵活调整的生命成长性。很明显的例子，比如说"旅游+"在"515战略"中并没有出现，但是"旅游+"的提出，尤其是李金早局长撰文对这一个概念的阐述和相关部署，让业界对旅游拓展空间的认知、对旅游业态的认知、对旅游在整个国民经济发展中发挥综合拉动效能的价值认识，都有了更加深刻、全面和系统的认知。尤其是中央提出"供给侧改革"后，旅游业对于今后中国社会经济发展所发挥的积极作用就更加明显。所以，我认为"旅游+"就是与时俱进的一种新衍生，新成长，它极大地补充、完善，甚至强化了"515战略"对于我们旅游业发展的指导性。当然，还有很多，比如旅游扶贫、产业促进、援疆工作、旅游数据统计等专项会议，包括旅游外交方面的重大突破等，我认为都体现了整个战略随机而动的生命性。具有生命性，它就能构建一个很好的生态发展系统。

这些是2015年我从工作实践中，对整个战略落地的几点认识和感受。我认为，这种体系化的构建和落实，也为我们基础旅游管理部门的工作开展，开创了一套很好的模式。

孙小荣：您认为在落实"515战略"的过程中，广西这一年来取得的最大突破是哪个方面？

陈建军："515战略"实施一年来，广西旅游在方方面面都取得了巨大的成效，不管是在拉动消费、投资，还是推动旅游外交方面，我们旅游业都为广西的整体发展做出了贡献。在刚刚结束的全区经济工作会议上，得到了自治区书记、主席等领导的高度认可和表扬。如果非要说最大的突破，我认为就是我们的旅游扶贫工程和通过创建"特色旅游名县"推动了县域旅游的发展。

我们广西是欠发达地区，有很多偏远山区，"十二五"末还有530多万贫困人口，是贫困人口超过500万的6个省区之一，人均收入不足2000元的就有大概150万人口。靠工业化路子实现广西的发展转型是不可能的。那么好在是，正是由于过去的经济不发达，交通不便，人口分散等劣势，让我们保留了许多优质的自然生态资源和文化民俗。这就是广西经济发展和产业转型最大的优势。那么，通过生态优势和民族民俗文化来促进旅游大发展就必然成为我们调结构、促转型、惠民生、脱贫困的重要思考路径和工作抓手。

2013年，在彭清华书记的倡导下，广西壮族自治区党委、政府做出《关于加快旅游业跨越发展的决定》，将旅游业提高到全区发展的战略高度，并把创建"特色旅游名县"作为重要抓手和平台，阳朔、龙胜、兴安、东兴、凭祥等20个县（市、区）被列为第一批"广西特色旅游名县"创建县，要求各县依托当地区位优势、自然资源和民族风情，合理开发和利用丰富秀美的自然风光资源，深入挖掘民族文化内涵，以不同风格的自然山水风光、民族民俗文化、历史文化、古村落古建筑为特色内容，精心打造各自风格鲜明、地域色彩强烈的旅游产品，进一步提升广西旅游的全域化发展。

前面你提到的"2015年旅行者之选——全球最佳目的地"榜单，阳朔县就是自治区政府正式授予的首批"广西特色旅游名县"，而龙胜县是第二批通过验收评定达到了"广西特色旅游名县"评定分数标准的县份。

我们在体制机制的改革创新方面作了努力，例如，我们建立自治区领导联系重大旅游项目机制，保证项目用地指标，优先解决审批、资金等问题。自治区领导亲自分工负责督导推进的重大旅游项目就有14个，总投资达400多亿元。经过三年持续发力，广西县域旅游的发展格局和效益已经初现成效。

孙小荣：我记得去年两会的时候，习近平总书记参加广西代表团审议时，还特别强调广西的扶贫攻坚。

陈建军：对，习总书记要求要精准扶贫，要抓准，抓到位，要排期，算好明细账，特别是提出，"决不让一个少数民族，一个地区掉队"。这些指示和要求，让我们广西的扶贫攻坚有了一种新高度，旅游也理所当然成为完成这项攻坚工程的主力军。

我们说授人以鱼，不如授人以渔，旅游业能够激活贫困地区的资源存量，能够拉动文化旅游项目的投资，能够让当地百姓通过参与旅游发展经营的各个环节，为游客提供服务，实现造血式的自主脱贫，这是非常好的扶贫途径。其实我们广西，包括其他很多地区，研究来研究去，在扶贫攻坚上，找不到比发展旅游更好的方式。

那么，有了习近平总书记的要求，有了"515战略"的提出，包括在黄山召开的全国乡村旅游提升与旅游扶贫推进会议后，我们广西壮族自治区党委、政府特别重视。这一年来，我们一边推进既定的旅游扶贫工作，安排了1.75亿元支持上林、三江、巴马等25个贫困县的38个旅游项目的建设。整合部门资金，投入乡村旅游各项建设。自治区发改委争取中央专项资金约4.3亿元，用于支持贫困地区旅游景点基础设施建设。

同时，我们又对旅游扶贫工作进行回顾总结，对旅游扶贫对象进行精准识别。按照国家旅游局每年要实现17%的旅游带动脱贫人数，我们估算了一下，广西六大贫困片区，54个扶贫开发工作重点县，包括被列入扶贫范围但不享受国家扶持政策的"天窗县"，大概有550个乡村被列入重点扶贫工程，有80余万人要通过旅游实现脱贫。

按照17%的这个比例，我们算了一笔明账，如果在2020年实现这个目标，那么，我们每个贫困村至少每年要完成15户脱贫的任务，这个任务相当艰巨。但由于广西是全国的重点贫困区，所以，我们争取让这个比例更高一些，就是说高于17%，我们希望能够达到20%，或者更高一些。这不是为了追求数据，而是希望更多的贫困人口早日通过参与旅游发展来实现脱贫。

我们本月中旬召开全区乡村旅游与旅游扶贫工作现场推进会，明确"十三五"广西旅游扶贫的阶段性目标以及相关举措。阶段性目标是，我们希望到 2020 年，重点扶持这 550 个贫困村发展旅游业，通过旅游就业，直接实现 20 万人脱贫，力争通过融合促进，间接带动 80 万人脱贫。

围绕这个整体目标，我们分两步走：第一步是 2016—2018 年，实施旅游扶贫三年行动计划，550 个村全部启动旅游扶贫开发建设，直接推动 9 万人实现旅游脱贫，力争融合带动，间接实现 47 万人脱贫；实施"十百千"工程，即创建 10 个旅游扶贫示范县、100 个旅游扶贫示范村、1000 家旅游扶贫示范户。第二步是 2019—2020 年，继续完善贫困村旅游项目开发建设，加大旅游宣传促销力度，扩大市场容量，直接实现 11 万人脱贫，间接带动 33 万人脱贫。

孙小荣：在旅游扶贫方面，广西有哪些好的经验或者策略，可以与业界分享？

陈建军：在乡村旅游的发展方面，我们也探索、总结了一些创新模式，广西乡村旅游及旅游扶贫实践，主要有以下四种：

第一是重点突破。比如我们前面提到的以创建广西特色旅游名县为抓手，推进扶贫工作实现新突破，这是个大工程，通过旅游名县的打造，可以说团结了意识，达成了共识，通过加大专项资金扶持，重点建设一批旅游集散中心、游客服务中心、旅游厕所等，对重大旅游项目实施贷款贴息，有效拉动了当地投资与消费，关键是让老百姓看见了实实在在的发展转变，实实在在地分享到了乡村旅游的发展红利。

第二是强化合作。旅游扶贫是个系统工程，单打独斗做不好，要强化部门合作，实现纵深发展。广西壮族自治区政府专门出台了《关于促进旅游业与相关产业融合发展的意见》，以此为推动自治区旅发委、发改委、住建厅、农业厅、林业厅等部门密切协作，形成了发展合力。

第三是结对帮扶。我们俗话说的有钱出钱，有力出力，没钱没力的可以贡献智慧和好想法，通过资源的梳理、整合，结对帮扶，形成发展合力。在这个过程中，我们探索出了政府引导模式、景区帮扶模式、亦农亦旅模式、异地安置模式、城企相助模式等，积极推广，效果还是非常好的。

第四是定点帮扶。比如自治区党委、政府制定出台了《关于实施我区新一轮扶贫开发攻坚战的决定》以及28个配套文件，作为实施新一轮扶贫开发攻坚战的总纲。自治区四大班子36位领导挂点联系36个县，督导从编制村屯旅游发展规划、引进项目资金、开展旅游从业人员培训等各方面给予具体指导和帮扶，直接促进了帮扶点的脱贫致富。

孙小荣：您认为这一年来，广西旅游工作还有哪些新成绩和新突破？

陈建军：首先是旅游外交，我们充分发挥广西是中国－东盟桥头堡这样的地缘优势，举办首届中国－东盟博览会旅游展，并确立在广西桂林永久落地。同时，我们也举办中国－东盟博览会"巴马论坛"，将其打造成一个具有国际影响力的品牌活动和品牌论坛，为广西乃至中国的旅游外交搭建起一个很好的沟通交流平台。

截至去年年底，广西已经开通了十几条从南宁、桂林到东盟的航线，使得东盟国家到广西的入境游客增长了23%左右。我们也借助边境游、自驾游的热潮，与越南边境城市共同举办一些旅游节庆活动，促进民间外交。同时，我们也在积极推动中越德天·板约国际旅游合作区落地，这个是列入习近平总书记和越南总书记阮富仲的会见纪要的，这也将是中国与周边国家建立的第一个国际旅游合作区。

第二个是机制改革。广西是全国第一个所有设区市实现旅发委改革的省区，通过这种机制改革，广西整体上形成了各部门联动发展旅游的态势，现在全区各市县发展旅游业都形成了你追我赶的积极氛围。

第三个是文明诚信。我们与自治区文明办等单位共同推动诚信制度的建设，以创"文明旅游单位"和"旅游先进人物"为抓手营造文明旅游、诚信经营的社会风尚和氛围。我们桂林的导游刘萌，被评为第五届"全国诚实守信道德模范"，这可能是旅游行业第一次获得这项殊荣。同时，我们也在积极发挥旅游志愿者队伍的作用，推动文明旅游进景区、进校园、进社区等，开展了一系列活动宣传文明旅游。为了提升游客对广西旅游满意度，我们与公安、工商、交通、物价等部门建立联合执法机制，加大对广西旅游市场的整顿力度，取得较好效果。在国家旅游局每季度公布的全国旅游城市满意度中，我们广西的满意度都在逐步提高。这说明广西的旅游市场秩序整顿有了明显的效果。

第四个是公共服务。这一年，广西的旅游基础建设取得了巨大进展。广西已经开通了1800多公里的高铁线，占全国将近十分之一，高铁站的游客集散中心的建设和景点景区、乡村旅游区的游客服务中心的建设，包括自驾营地、旅游标识牌、各种旅游地图等，相对而言都已经比较完善。特别是全国旅游厕所工作会议在桂林召开，给了我们极大的鼓舞，自治区党委、政府的主要领导都做出批示，广西在"厕所革命"方面要再做典范，再出经验。去年一年我们建成的旅游厕所956座，超额完成了国家旅游局和自治区给我们的任务。当然，其他方面还有很多，我就不一一列举了。整体来说，2015年广西在旅游基础设施和旅游公共服务设施建设上的力度、强度、数量、质量都是空前的。

第五个是旅游营销。我们围绕"遍行天下，心仪广西"的形象定位，请专业的策划团队，帮我们推出了"世界是嘈杂的，广西是宁静的"新广告语。可以说从策划内涵、广告投放，到市场反应，都取得了非常好的效果，它也极大地凸显了我们广西的旅游资源优势，拓展了游客对广西的认知和想象。就外界反应而言，这也是广西旅游2015年最大的亮点。

实际上，除了在微信朋友圈首次投放广告这样一种精准投放所取得的效应，在广告的推广传播上，我们打了一套组合拳，包括其他媒体、户外广告、电视广告、高铁广告等，我们的策略是全方位的、立体化的，所以在传播效果上，也具有集聚效应。

另外，我们还与海南、广东共同建立了"北部湾（中国）旅游推广联盟"；跟中国香港、越南等搞区域性的"一程多站"联合营销；把壮族的传统节日"三月三"打造成广西文化旅游节；推出"乐游广西推广季"系列活动；跟中央电视台和广西电视台联合摄制《长寿广西》纪录片，讲述广西的中医药养生；跟国家地理杂志社联合推出《地道风物广西》系列杂志；与桂林银行联合推出"八桂旅游卡"等，这些工作对广西旅游知名度和影响力的提升，都是非常大的。所以，我认为旅游营销这块，也是广西这一年来最大的亮点之一。

孙小荣：2016年是"十三五"开局年，"515战略"也进入第二个年头，您对未来中国旅游的发展，有哪些建议和期许？

陈建军：还是立足于广西，从我们基层旅游工作的实际出发，第一个建议，**加大对贫困地区基础设施建设力度**。我希望国家层面对像广西这样的经济欠发达地区、少数民族地区、贫困地区、边疆地区、偏远山区，在旅游基础设施和公共服务设施方面，有更多的政策倾斜，加大资金扶持力度，尤其是希望国家旅游局等中央部门对我们广西打造国家旅游扶贫示范区予以更多扶持。这个既是我们旅游发展的需要，也是旅游扶贫攻坚的需要，更是扶贫兴边，推动旅游外交的需要。

第二个是强化边境旅游合作。东盟地区一体化很快就能实现，那么，我们中国要加大跟东盟地区的合作，就需要口岸通关更加便利，这不管是对其他经济方面的合作与交流，还是旅游合作，都是构建更加开放的发展格局的一种表现和实际需要。现在我们边境地区的国与国之间民间的自助游、自驾游的需求已经特别旺盛，但是我们没有更好地解决出入境的便利化问题，这是影响我们边境地区开展国际旅游合作的一个障碍。所以，我希望国家层面能够加大推进开放力度，强化边境旅游的合作与交流，这对于我们建立双边关系，开展旅游外交，提升入境游消费等方面都是非常有利的。此外，国家最近出台一系列关于边境地区优惠政策，如《国务院关于支持沿边重点地区开发开放若干政策措施的意见》，希望能很好落地，促进边境旅游大发展。

第三个是打造"海上丝绸之路黄金旅游带"。"一带一路"的概念很火，理念也已经深入人心，各地都在围绕"一带一路"搞发展谋划。我们广西去年也开通了第一条到东盟国家的邮轮航线，这只是一个初步的尝试，实话说，就邮轮旅游的档次和品质而言，还是比较低的。我认为，国家层面应该重视旅游业在"一带一路"战略中先通先行的引领作用，有一个整体的谋划和举措，打造"海上丝绸之路黄金旅游带"，特别是要加强环北部湾地区的旅游合作，这有助于我们国家北部湾地区和南海局势的稳定。

杨忠武

把陕西好故事讲给世界听

陕西

访谈时间：2016 年 3 月 16 日
访谈地点：西安·陕西省旅游局
访谈人物：陕西省旅游局局长 杨忠武

精彩观点

▶   我们现在着力要改变的一点，就是大家对陕西的印象偏重于历史文化，而忽略了我们大秦岭的生态资源，包括我们这几年每年都举办"秦岭与黄河对话"活动，也是想从以秦岭为代表的关中－陕南的生态资源，以黄河为代表的关中－陕北文化资源两方面，来推广陕西"山水人文"兼具的这样一个资源格局和形象，让世界游客对陕西有一个更全面的认识。

▶   从游客心理出发，一个是求新，新的景区具有吸引力；一个是求异，差异化的产品能赢得游客青睐；一个是求闲，就是能够轻松地休闲度假的地方，可以进行多次，甚至是常态化的体验消费。

▶   厕所这件事这些年来城市在抓，景区再抓，相关部门都在抓，但还是存在很多问题，其根源就是大家意识没有统一，劲儿没往一处使，所以都在抓但效果不佳。那么，旅游部门牵头掀起一场"厕所革命"以后，得到了中央领导的肯定和批示，等于是统一了各个部门的发展共识，这样大家齐心协力就能办好事，办大事。

▶   我认为在这个（"全域旅游"）理念的统领和驱动下，旅游业的发展将会对城市环境、乡村环境的优化产生极大的推动作用。不仅会使旅游环境、旅游质量有一个大的提升，而且对本地居民的生活环境、生活质量也会有一个大的提升，我认为这个提升将是全方位的。因此，"全域旅游"的提出也是一场革命。

▶   我们依托"丝绸之路的起点"这个优势，把提高陕西旅游影响力作为着力点，创新品牌传播和宣传促销的思路，把陕西的好故事讲给世界听。

▶　对同一区域内，距离相近、同质化严重的生态旅游度假区、生态景区予以限制，防止出现"凡是生态环境好的地方就要打造成旅游产品"的倾向。

孙小荣：上次我们在一起深度访谈，还是两年前我们写《大秦岭纪事》那本书的时候。我记得很清楚，那天是 2014 年元宵节，关于秦岭的自然资源、文化脉络、人文故事，以及这座山对于中国地理格局和历史发展所产生的重要影响，我们谈了整整一下午。

杨忠武：那本书写得好，在很短的时间寻访考察，然后写作，能写得那样深刻又好读，不容易。基本上厘清了陕西秦岭这一块的文化脉络，包括秦岭的生态和人文。这也是我们现在着力要改变的一点，就是大家对陕西的印象偏重于历史文化，而忽略了我们大秦岭的生态资源，包括我们这几年每年都举办"秦岭与黄河对话"活动，也是想从以秦岭为代表的关中－陕南的生态资源，以黄河为代表的关中－陕北文化资源两方面，来推广陕西"山水人文"兼具的这样一个资源格局和形象，让世界游客对陕西有一个更全面的认识。我认为《大秦岭纪事》这本书非常用心，很难超越。

孙小荣：这两年，不管从全国来看，还是从陕西来看，旅游都发生了很大的变化，陕西旅游的确也是亮点频出，尤其是"一带一路"的提出，让"古丝绸之路的起点"西安迎来了重现"盛世汉唐"的机遇。我们寻访大秦岭的时候，礼泉袁家村、周至沙河水街、宁强青木川、兴平马嵬驿等古村古镇旅游，当时还没什么名气，所以在规划寻访线路的时候就忽略了，后来才发现这些地方非常火爆，我们也感到非常遗憾，如今它们已经成为中国乡村旅游、古村古镇旅游的新典范，成为陕西旅游的新名片。包括去年年底全国红色旅游工作会议在延安召开期间，我发现延川梁家河也吸引了很多游客去参观，大家就是想看看习近平当年下乡插队的地方，究竟是什么样的环境。从这些方面可以看出，陕西旅游现在是遍地开花，发展旅游的社会环境和氛围非常好。

杨忠武：从这些现象，可以看出陕西旅游发展的几个特点。一方面，我们陕西的旅游资源非常丰富，这个丰富不仅仅是指那些已经形成品牌影响力的大景区，更多地是指尚待挖掘开发的资源，像你前面提到的古村、古镇、红色旅游资源等，我认为这些才是陕西旅游未来发展的潜力。另一方面，这些新兴景区受到游客的青睐和追捧，也是源自游客新的消费需求，就是从追看纯观光的资源型景区，逐渐地向综合性的体验性景区，尤其是向那些小而精的景区转变，这是市场主导推动旅游业转型发展的决定性力量。很简单的道理，从游客心理出发，一个是求新，新的景区具有吸引力；一个是求异，差异化的产品能赢得游客青睐；一个是求闲，就是能够轻松地休闲度假的地方，可以进行多次，甚至是常态化的体验消费。像袁家村、马嵬坡等这样的乡村旅游景点，因为体验性产品比较丰富，又邻近城市，交通方便，所以，就成为都市客群周末休闲度假的选项。我认为这是近年来发生的一个很大的转变，其实一个景区，能够满足就近的都市客群日常的这种休闲度假需求，就非常了不得。

那么，依托这样的发展趋势，结合陕西旅游资源的特点，我们在2013 年开始，就制定实施"2336"发展理念，这个你也了解一些。这几年来，我们结合中央提出的"五大发展理念"，包括国家旅游局提出的"515战略"等进行不断完善，突出创新和服务"两个基点"，实施构建全域旅游、项目带动、人才兴旅"三大发展战略"，打造"丝绸之路起点"风情体验旅游走廊、大秦岭人文生态旅游度假圈、黄河旅游带"三大旅游高地"，坚持产品开发、智慧旅游、标准管理、精准营销、市场监管、旅游惠民"六个抓手"，来推动陕西旅游业发展的整体转型。经过这几年的持续推进，总体而言，效果还是非常显著的。

孙小荣：说起"515战略"，经过这一年多的实践，尤其是2016年全国旅游工作会议上又提出15个核心任务，54项具体工作的部署，结合陕西旅游的实践和您的观察思考，您对这个战略有怎样的研判？

杨忠武："515战略"是在去年的全国旅游工作会议上提出来的，这个思路体系是颠覆式的，首先对行业带来了一场大的震动，使我们发展旅游的积极性，甚至主导性意识，有了一次飞跃式的提升，改变了行业发展的生态氛围。比如厕所革命这件事，看起来是个小事，但实际上反映了整个国家的文明素养，干起来就是个大事。厕所这件事这些年来城市在抓，景区再抓，相关部门都在抓，但还是存在很多问题，其根源就是大家意识没有统一，劲儿没往一处使，所以都在抓但效果不佳。那么，旅游部门牵头掀起一场"厕所革命"以后，得到了中央领导的肯定和批示，等于是统一了各个部门的发展共识，这样大家齐心协力就能办好事，办大事。经过一年多的有力推行，现在城市和大景区的厕所问题，基本上已经解决，现在的问题是偏远的、刚刚处于起步发展阶段的景区需要强化厕所的建设和管理，比如分布不合理、管理不规范等，尤其是在旅游扶贫工程的推进中，厕所革命需要引起重视。这也是我最近在乡村旅游和旅游扶贫的考察过程中思考的问题。通过厕所革命，我们也可以看到，"515 战略"产生的震动，实际上也是由内而外的，包括旅游市场秩序的整治、文明旅游氛围的营造等，它实际上是依托于行业，带动了整个社会秩序和氛围的重塑。我认为这个意义非常大，一个综合性的产业，理应发挥它综合性的这种协调能力，才能更好地服务于全局，同时实现自身的优化发展。

孙小荣： 从 2016 年全国旅游工作会议的新部署来看，您认为有哪些亮点，或者说哪些举措对于陕西旅游当下的发展有直接的驱动价值？

杨忠武： 今年提出的"全域旅游"理念是一个大突破，是对中国旅游旧模式的一种颠覆。这也是由旅游业发展的阶段性特征决定的。2001 年我在铜川宜君县任县委书记的时候，就提出过"全域旅游"的概念，当时我还写了篇文章在省级的一份刊物上发表，来阐述这个概念和具体的一些做法。但在当时，旅游业发展的内外部条件和环境还没有达到"全域旅游"的这个层级，所以它只能作为一种超前的发展理念。现在不一样了，今年"两会"李克强总理的政府工作报告中明确提出要"迎接大众旅游时代的到来"，具体的做法一是落实带薪休假；二是加快景区景点、旅游交通、自驾营地等建设；三是规范旅游市场，这是多年来总理的政府工作报告中对旅游业写得最多，写得最实，写得最管用的几句话，当时公布出来以后，大家都在微信里转发评论，都感到非常振奋。

目前，这种大的经济发展环境、大众旅游时代的市场驱动，对旅游业的综合带动，包括产品创新供给、旅游环境和服务等都有了全方位的要求，不仅仅是好看，还要好玩，还要便捷，还要舒适，那么在这种需求倒逼的效应下，"全域旅游"就成为一种新的发展理念和模式。所以，李金早局长在今年全国旅游发展工作报告中提出"全域旅游"的理念后，马上得到了全行业的认同和呼应，甚至又成为一个全社会都在关注讨论的热点。我认为在这个理念的统领和驱动下，旅游业的发展将会对城市环境、乡村环境的优化产生极大的推动作用。不仅会使旅游环境、旅游质量有一个大的提升，而且对本地居民的生活环境、生活质量也会有一个大的提升，我认为这个提升将是全方位的。因此，"全域旅游"的提出也是一场革命。

尤其是在市场监管方面，自去年以来，采取了很多的措施整治市场乱象，对于不达标、不合格，甚至违法违规的景区、酒店和相关企业，该警告的警告，该取缔的取缔，包括推出游客不文明记录，进行旅游市场明察暗访、交叉检查等，都发现并纠正了一些长期存在、影响行业有序发展的问题。比如现在对旅行社的管理，韩国一共才有几家旅行社，咱们陕西就700多家旅行社。所以，准入门槛如果降低，服务素质肯定会降低，鱼龙混杂就会导致各种恶性竞争的现象发生，严重扰乱市场秩序，甚至侵犯消费者权益。我们在导游管理、旅行社管理等方面，还是要提高准入门槛，这对行业健康发展来说是有益处的。

很长时间来，其实我们行业内部把行业监管等职责淡化了，现在等于在回归行业管理部门本该有的职责，在强化旅游部门应当发挥的积极协调作用。实际上，旅游行政部门并不能解决所有问题，但是可以牵头发现问题、协调各部门共同来研究协同解决问题的方式方法和政策法规，包括省部级旅游联席会议制度，还有现在正在推行的各地旅游发展委员会的改革和组建，这都是发挥旅游业综合协调职能的积极举措。

孙小荣：在过去一年多的时间，您认为陕西旅游在哪些方面取得了重大突破，有哪些经验可以分享？

杨忠武：一是机制创新，任何发展都需要有个好机制，机制顺了，工作开展起来就比较顺利。陕西是旅游资源大省，旅游经济的比重比较高，根据去年的旅游收入统计，2015 年共接待境内外游客 3.86 亿人次，旅游总收入 3005.8 亿元，旅游业增加值占全省 GDP 的 6.6%，综合贡献率是 11.53%。但陕西还不是旅游强省，我们正在努力从旅游资源大省向旅游经济强省迈进。去年，我们结合陕西旅游发展的阶段性特征，积极响应国家层面促进旅游业出台的相关政策和举措，推动出台了《陕西省人民政府关于促进旅游业改革发展的实施意见》、《陕西省人民政府办公厅关于促进旅游投资和消费的实施意见》等一批重要文件，明确了各部门促进旅游业发展的责任。省政府安排 5 亿元设立陕西旅游产业发展基金，前期募资规模 50 亿元。推进旅游业与一、二、三产业融合发展，催生了旅游新业态和一批文化旅游商业综合体，扩大了陕西旅游体量。省政府建立了由33个成员单位组成的全省旅游工作联席会议制度。在各部门支持下，旅游发展的政策环境、交通环境、消费环境、市场环境、舆论环境等都得到空前的改善。各市和大多数县区都将旅游业作为支柱产业、主导产业来定位、来推进，出现了竞相发展的局面。另外，《陕西省旅游条例》将于今年4月1日正式实施，这些政策文件、专项资金和法律法规的相继出台，为陕西旅游的发展提供了硬保障。

二是惠民生，保增长。我们积极推进10个省级旅游扶贫试点示范县区、151个国家乡村旅游扶贫重点村建设，带动约60万人脱贫。根据统计，全省旅游业累计直接就业703万人，旅游就业人数占全省城镇居民新增就业人数10%。我们把安康市定位旅游扶贫重点培训示范城市，经过两年的推行，效果不错，今年开始我们将在商洛、汉中也进行旅游扶贫培训，这样就可以辐射陕南三个地级市。在推进旅游扶贫和乡村旅游发展的过程中，我们也在探索"六个一批"旅游脱贫模式，即要通过旅游示范县建设带动脱贫一批，旅游景区带动脱贫一批，文化旅游名镇建设带动脱贫一批，试点村发展乡村旅游直接脱贫一批，汉唐帝陵旅游带发展脱贫一批，发展陕北红色旅游脱贫一批。在拉动旅游投资方面，2015年全省新建、在建项目500多个，同比增长51.5%，完成投资600余亿元；金丝峡成功创建为国家5A级景区，太白山景区、西安城墙·碑林通过国家资源评审；新增国家4A级景区14个、省级旅游度假区5个。

三是品牌创建和旅游外交。我们依托"丝绸之路的起点"这个优势，把提高陕西旅游影响力作为着力点，创新品牌传播和宣传促销的思路，把陕西的好故事讲给世界听。主动对接国家旅游发展重大举措，国家旅游局先后把 3 次重大旅游活动安排在陕西，成功承办了丝绸之路旅游部长会议暨第七届联合国世界旅游组织丝绸之路旅游国际大会、美丽中国—2015 丝绸之路旅游年启动仪式和长征精神红色旅游全国火炬汇集仪式，世界旅游组织和国家旅游局盛赞陕西会务工作体现了国际水平，高度评价陕西旅游在中国及世界旅游版图中的重要地位。尤其是我们连续举办两届丝绸之路国际旅游博览会，吸引了 33 个国家和地区代表、24 个国内省区市的政府机构、旅游企业参会，接待专业观众 6400 余人，公众 8 万人次。另外，在国内外重要客源地开展旅游促销 160 多场次。"秦岭与黄河对话"也已经成长为陕西的一个文化品牌，连续举办三届，影响力和传播面达到 12 亿人次。

四是文化旅游和红色旅游。陕西文化演艺品牌很多，其中比较有代表性的有《唐乐宫》、《长恨歌》和《延安保育院》，《唐乐宫》演了三十多年，长盛不衰，被誉为"中国的红磨坊"。《长恨歌》为中国文化旅游实景演艺树立了标杆，以这台演出制定的文化实景演出项目国家标准将于今年颁布实施。《延安保育院》是红色旅游、红色文化的创新典范，大家看了都很震撼，很感动。延安是全国红色旅游的重镇和红色文化创新的标杆，现在陕西省委省政府和延安市委市政府对红色旅游景区景点的打造提出了更高的要求，最近延安将组织召开旅游产业发展大会，明确要把延安红色旅游资源整体打造成 5A 级景区，这也是"全域旅游"的理念落地。另外，铜川照金的红色旅游发展也是如火如荼，成为有一张红色名片。

其他方面，包括新业态的布局，我们的温泉、滑雪、乡村旅游、养生康体、自驾营地等，都有独特的资源优势，也已经编制或正在编制相关的专项发展规划，尤其是我们正在推进规划建设100个自驾营基地，一方面积极推进，创建标准，一方面争取省委省政府的政策支持，鼓励、吸引更多的企业参与进来。乡村旅游，像你前面提到的袁家村、马嵬坡等，今年春节期间每天的客流量达到10万人的规模，现在乡村旅游在陕西正在经历着爆发式的增长。另外，我们也在强化人才队伍建设，实施"百千万"培训工程，全年共培训行政管理人员、企业管理人员、基层服务人员62000人次，全行业干事创业的正能量得到空前凝聚。

孙小荣："十三五"期间，陕西旅游有着怎样的愿景和部署？

杨忠武：我们娄勤俭书记对旅游发展做出重要指示，要求充分发挥现代服务业带动产业和拉动消费的作用，促进文化旅游产业融合发展，结合文化旅游名镇和美丽乡村建设发展乡村游和城郊休闲游，让中外游客在休闲娱乐中留下对陕西的美好记忆。

这个要求为陕西旅游的发展明确了方向。我们会用好陕西作为"古丝绸之路起点"这块金字招牌，积极融入"一带一路"旅游国家发展战略，增强主角意识，争取在更多方面发挥好牵头或引领作用，推动观光、休闲、度假与人文旅游产品并重发展，做精做深人文旅游，推出满足多样化需求的休闲度假产品，加快构建"丝绸之路起点"风情体验旅游走廊、大秦岭人文生态旅游度假圈、黄河旅游带，增强陕西旅游的国际竞争力。

整体而言，我们"2336"发展思路不会变，在此基础上，我们将实施项目带动战略，落实"1325"项目建设计划，力争到2020年，建设1000个以上旅游项目，其中建设300个投资超2亿元的全省重点旅游项目，建设200个投资超5亿元的全省重大旅游项目，建设50个投资超20亿元的全省特大旅游项目，总投资超过5000亿元，以此来奠定全省旅游发展新格局。

同时，我们会积极落实"旅游+"和"全域旅游"的理念，要打破各市县区行政区划，协同、错位发展，一体化推进旅游产品开发、基础设施建设，联手开展宣传促销、打造精品线路，发展全域旅游，建设"全景陕西"。对同一区域内，距离相近、同质化严重的生态旅游度假区、生态景区予以限制，防止出现"凡是生态环境好的地方就要打造成旅游产品"的倾向。积极寻找与相关产业、行业的契合点，做好旅游融合发展这篇大文章，把旅游打造成大众创业、万众创新的重要平台。按照周、秦、汉、唐等重要历史文化脉络和自然山水布局，打造和推广彰显"中华文明"、"中国革命"、"中华地理"的精神标识和自然标识的精品线路。

我们将继续举办好中国西安丝绸之路国际旅游博览会，落实丝绸之路旅游部长会议《西安倡议》，加强与周边省份和长三角、珠三角、环渤海圈等地区的合作，策划促进国际旅游合作的新举措，发出"陕西声音"，彰显"陕西力量"。

我认为"十三五"是旅游大发展的时机，这个时代不应该错过，也是我们旅游人能够发挥作用，应该为之自豪的一个时代！

魏国楠

改变大众游客对内蒙古的认知误区

访谈时间：2016 年 3 月 24 日
访谈地点：呼和浩特·内蒙古自治区旅游局
访谈人物：内蒙古自治区旅游局局长 魏国楠

精彩观点

▶ 很多人不知道像包头、呼和浩特、赤峰是现代化的城市，认为这些地方都是草原，甚至有人问我们现在是不是还骑马上班。这根本上反映了两方面的问题，一个方面是产生这些误区的受众，由于地理知识不足，对内蒙古的了解不够；另一个方面，是我们的宣传工作没做好，以前内蒙古形象宣传的表现形式，总是草原上奔跑着一群马，而对其他方面的资源呈现不够，大家也看不见别的，就是草原、草原、草原。

▶ 我们的核心线路没做好，像内蒙古这样一个地域广袤的地方，凭几个品牌景区、A级景区，它根本支撑不了，游客来了跑很远的路程，只看几个点，是远远不够的，要看一条线，一个区域。

▶ 我们目前正在积极推行的发展策略，就是"草原+"，要将内蒙古的多重组合优势下的多重体验感呈献给游客，改变大众游客对内蒙古的认知误区。

▶ 习近平总书记说要打造"祖国北疆亮丽风景线"，我们设计的"北疆天路"就是从阿拉善一直到满洲里，我们有一个东西大通道已修好多年，下一步要改高速，大概有4000多公里，将近1万华里，这是全国距离最长的一条省际大通道，沿途穿沙漠、过草原、跨河湖、钻山岭，自然和人文风光都特别好。

▶ 只有旅游在各级党委政府那里不再是一个"弱势产业"、"辅助产业"，而是跟经济、社会、文化、政治、生态的发展密切相关的，是跟转方式、调结构、惠民生密切相关的，那么，旅游业的发展才能真正端到台面上来。

▶ 我一直认为旅游这个产业只凭主管部门是不可能办好的，就得主要领导强调、督促，主要领导无非就是关注，不用他亲自去抓，他只要把旅游业的性质，比如综合性、拉动性、关联性，把这个性质能够讲出来，告诉所有的干部，在做相关工作的时候要考虑旅游，就可以了，就会产生推动作用。

孙小荣：我一直认为在中国有这样几个区域是比较特殊的，一个是海南，尤其是像我这样的西北人，从小就想看看大海，大海代表着世界的广度；一个是西藏，代表着一种世界的高度，包括地理的高度和精神信仰的高度；还有一个就是内蒙古，茫茫无际的大草原，代表着世界的辽阔。这三个地方，也是许多人非常向往的旅游目的地。但相对而言，大家对内蒙古的认知更多地停留在"天苍苍，野茫茫，风吹草低见牛羊"这种单一的大草原层面。我是去年参加了北京经典调频 FM969 自驾俱乐部在赤峰举办的一次自驾游，才对内蒙古有了另一种认识。实际上，内蒙古的旅游资源特别丰富，有草原、山地、沙漠、湖泊、湿地、森林、雪山等地质形态，在自驾的过程中，这些资源的分布呈现的视觉层级感和内心的震撼，非常强烈。在内蒙古，仅草原就有呼伦贝尔草原、科尔沁草原、锡林郭勒草原、乌兰察布草原等，草原也有多种类型，比如鄂尔多斯半荒漠草原、阿拉善的荒漠草原、赤峰的乌兰布统草原和贡格尔草原，因属丘陵疏林草原，具有欧陆风情的独特性。也就是说，大家对内蒙古的认识存在很大的误区，想起内蒙古只会想到草原，而忽略了其他的旅游资源。

魏国楠：你讲的这些非常好，可以说是切中了内蒙古旅游的要害，就是这种大众认知上对内蒙古存在误解。举个例子，很多人不知道像包头、呼和浩特、赤峰是现代化的城市，认为这些地方都是草原，甚至有人问我们现在是不是还骑马上班。这根本上反映了两方面的问题，一个方面是产生这些误区的受众，由于地理知识不足，对内蒙古的了解不够；另一个方面，是我们的宣传工作没做好，以前内蒙古形象宣

171

传的表现形式，总是草原上奔跑着一群马，而对其他方面的资源呈现不够，大家也看不见别的，就是草原、草原、草原。我想这种误解的产生，主要还是在后者，就是我们的形象宣传工作没做到位，没有把内蒙古丰富多元的旅游资源呈献给游客，呈献给受众。

虽然你只去过赤峰，但是通过赤峰看内蒙古，你的观察和总结都非常到位。从自然资源的形态来看，内蒙古跨 16 个纬度，29 个经度，2 个时区，造就山岳、戈壁、沙漠、森林、湖泊、河流、火山等多样性的地理地质和生物类型；从文化资源来看，由于历史上北方所有的少数民族都在内蒙古留有足迹，造就了像红山文化、河套文化、大窑文化、辽文化，以及民俗文化、马文化、狼文化、蒙药文化、藏传佛教文化等多元的，可以说是包容了中国北方大部分的文化形态。内蒙古背靠俄蒙，横跨三北，也就是西北、华北和东北，毗邻八省区，又紧邻京津，就这样一个区位，这样多元的资源，它们的叠加效应在全国都是独一无二的。结果是没宣传好，没说出去，就导致大家对内蒙古的认识只有草原这个单一的印象。另外一个，就是我们的核心线路没做好，像内蒙古这样一个地域广袤的地方，凭几个品牌景区、A 级景区，它根本支撑不了，游客来了跑很远的路程，只看几个点，是远远不够的，要看一条线，一个区域。

孙小荣：我去年在赤峰自驾结束后了，写过一篇文章叫《自驾游群体的特点与赤峰发展自驾游的思考》，顺带谈了一下内蒙古旅游的发展。我的核心观点就是内蒙古旅游要采取"草原＋"的策略，因为草原毕竟还是内蒙古最具差异性优势的资源，在对外宣传上要采用以草原特色为引领的多种组合推广模式。同时，要强化自驾游精品线路的打造，因为像内蒙古这样地域辽阔，景点分散的地区，最佳的出游方式就是自驾。

魏国楠：这也正是我们目前正在积极推行的发展策略，就是"草原+"，要将内蒙古的多重组合优势下的多重体验感呈献给游客，改变大众游客对内蒙古的认知误区。我们现在还缺乏典型的样板引领，最大的问题就是精品线路的突破。这些线路都要有主题文化来包装，我们现在设计了"三级品牌线路"：一级品牌包括黄河、长城、丝绸之路、万里茶道等，这些都是被列入国家品牌推广的线路产品。二级品牌是自治区来主推的，比如说"万里北疆天路"、草原马道、黄河"几"字湾大漠风情线、蒙古源流黄金线等，像"几"字湾就是内蒙古独有，别的地方没有。蒙古黄金家族有一条非常清晰的脉络，蒙古族的源头在呼伦贝尔室韦，兴安盟有成吉思汗庙，锡林郭勒有元上都，张家口的元中都，北京元大都，鄂尔多斯有成吉思汗陵，这条线路其实可以跨到蒙古国的肯特省，那里是成吉思汗的出生地。还比如说"草原马道"，我们草原文化的核心是马文化、狼文化，内蒙古从东到西有特别多的马场和马俱乐部，把这些马场和马俱乐部连接起来，就可以形成一条"草原马道"旅游线，这也是人们很向往的。

习近平总书记说要打造"祖国北疆亮丽风景线"，我们设计的"北疆天路"就是从阿拉善一直到满洲里，我们有一个东西大通道已修好多年，下一步要改高速，大概有 4000 多公里，将近 1 万华里，这是全国距离最长的一条省际大通道，沿途穿沙漠、过草原、跨河湖、钻山岭，自然和人文风光都特别好。

三级品牌，就是整合一个盟市或者两三个盟市的优势资源形成区域品牌。比如说匈奴文化探秘，从呼和浩特到巴彦淖尔，沿着阴山有一条匈奴文化脉络线；还有鲜卑文化，鲜卑人在鄂伦春嘎仙洞走出，途经大泽（即呼伦湖），经大同到洛阳，建立北魏政权，开创了短时期的民族大融合；科尔沁文化，主要从辽宁引入，覆盖通辽市和兴安盟，现在通辽市政府在做科尔沁文化 500 公里景观大道；红山文化主要在赤峰的西拉木伦河流域；蒙医文化，呼和浩特、包头、巴彦淖尔、鄂尔多斯区域是蒙医文化的核心区，像很多蒙古国的人来找蒙医和蒙药，我们有国际蒙医院，在蒙古国首都乌兰巴托专门设有蒙医分院，我们可以依托蒙医打造养生康体；藏传佛教文化，在内蒙古的分布十分广泛，蒙古人是信奉藏传佛教的，历史上留存下来的庙宇特别多，呼和浩特就有很多召庙，包头五当召号称"草原布达拉宫"，把这些庙宇连接起来可以做藏传佛教研学游线；还有比如说狼图腾、走西口、闯关东，走西口是陕西、山西人往内蒙古西部地区走，闯关东是山东人往东北走，然后走到现在的内蒙古大兴安岭的林区。其实大兴安岭 70% 都在内蒙古，人们对大兴安岭也存在认知误区。有了这些独特的线路产品，内蒙古旅游产业发展指日可待。

孙小荣： 当前内蒙古旅游经济发展如何？

魏国楠：整体来看，内蒙古旅游近几年发展势头还是好的，从全国各省区旅游总收入来看，内蒙古每年提升一个名次，2014年我到旅游局的时候，排在全国第24位，现在是第22位。根据内蒙古的经济总量和资源优势，与经济发展相应的水平应该是全国第15位左右，我们的经济总量GDP现在是全国第15位，人均是全国第6位，因为我们地广人稀。显然，内蒙古旅游产业的发展已经落后于经济发展，所以这两年一直在以赶超的态势往前赶。内蒙古旅游对经济社会的综合贡献率还可以，对GDP的综合贡献率是11.7%，对第三产业的综合贡献率是31%，对社会消费零售总额的带动率是37%，都高于全国平均水平。2015年旅游扶贫效果也不错，旅游扶贫效益大概在18%，国家定的是17%，我们自己定的是20%左右。全自治区有80多万贫困人口要在"十三五"期间实现脱贫，也就是说我们每年要通过旅游扶贫实现3.5万左右的人口脱贫，这也是"十三五"期间内蒙古旅游重点要突破的攻坚重任。

孙小荣：从发展的势头来看，中国旅游才刚刚进入主动谋发展的阶段，从国家旅游局推动实施"515战略"到这次两会李克强总理的政府工作报告中对旅游业发展的定义和要求，从大众旅游需求的旺盛到各个地方对旅游发展的重视程度，从上到下，从内到外，都呈现出从未有过的蓬勃景象，所以，业界普遍看好"十三五"期间旅游业的发展。您如何看待当下的旅游热和"515战略"的意义？

魏国楠：2015年国家旅游局提出"515战略"，我个人的理解，这个战略是中国旅游产业的一个"擎天柱",可以说是顶天立地。为什么说"顶天立地","顶天"就是说它把旅游业的发展融入国民经济发展的国家战略中,从政治、经济、文化、社会、生态"五位一体"来定义和部署旅游业发展。实际上去年一年展开的厕所革命、旅游外交、旅游扶贫、文明旅游、市场整治等,我们不能单纯地从行业角度来理解,实际上这些工作都关系到政治、文化、经济、社会、生态各个领域。去年一年的行动和作为,效果是显著的,这个大家有目共睹,中央领导也做出了好几次批示,国务院、各部委都出台了好几个文件。所以,"515战略"推动旅游业发展的这个高度、力度和取得的成果,都是前所未有的,为中国旅游撑起一片天。

"立地"就是务实,"515战略"是建立在对中国旅游业当下阶段性特征准确把握的基础之上的,不光有五大目标和十项行动,更接地气的是52项举措,可以说各项举措都是"对症下药",尤其是在市场乱象整治和文明旅游方面是下了猛药,切中了要害。对于地方而言,如果把"515战略"的各项举措一个个、一件件都因地制宜地落实到位,区域旅游发展这块肯定会上一个新台阶。实际上,现在是我们地方的发展思路、工作机制和推进力度,跟不上国家战略的实施速度。"立地"的另外一个方面就是与时俱进,比如强调"互联网+旅游",就是如何运用新技术推动旅游业发展;强调新业态,就是要旅游业多做一些符合当下市场需求的优质产品;强调"旅游+",就是要推动旅游业与其他产业的融合发展,提高综合的附加值;强调全域旅游,就是要摆脱过去以景区景点为核心,过分依赖门票经济的旧模式,向区域全要素发展提高综合体验消费和综合服务能力转变。"顶天立地"实际上就是在积极推动旅游业为国家战略、为社会转型、为产业结构调整做好支撑和服务的同时，借力实现旅游业自身的转型升级，这个效果是双向的，跟力的作用力和反作用力一个道理。

今年全国旅游工作会议的重点工作部署，实际上是结合中央提出的"五大理念"进行了优化和调整。李克强总理报告对旅游业发展提出了更明确的要求，这个意义非同小可，将直接提高地方党委政府对旅游业发展的重视程度。只有旅游在各级党委政府那里不再是一个"弱势产业"、"辅助产业"，而是跟经济、社会、文化、政治、生态的发展密切相关的，是跟转方式、调结构、惠民生密切相关的，那么，旅游业的发展才能真正端到台面上来。反过来讲，各级各部门才能积极主动地借力旅游业，在旅游业发展层面达成更好的共识，把旅游业当作支柱、龙头和引擎，这样旅游业的发展就能左右逢源，空间就更加广阔。

孙小荣：能否结合内蒙古的实际情况，从实操层面和具体取得的成绩来谈谈？

魏国楠：刚才前面提到了强化营销和品牌创新，如果从贯彻落实"515"战略角度讲，我觉得内蒙古首要的还是要理顺思路并充分调动地方党委政府的积极性。2013年，自治区党委提出了"8337"发展思路，要求把自治区建设成为"体现草原文化、独具北疆特色的旅游观光、休闲度假基地",旅游基地作为全区经济社会发展的"五大基地"之一,被明确提出来并强力推进,极大地调动了各级地方党委政府和全区旅游系统的积极性。

在"8337"发展思路指导下,我们按照王君书记关于旅游工作的系列指示精神,把旅游业发展与调整结构、扩大内需、文明创建、脱贫攻坚、十个全覆盖等重点工作结合起来,深入贯彻落实国家旅游局"515"战略,提出了"10+3"工程和"643X"品牌体系。"10"就是以"十大工程"为核心工作内容,包括品牌创建工程、旅游富民(扶贫)工程、市场营销工程、智慧旅游工程、行业管理创新工程、旅游文化提升工程、旅游交通建设工程、城镇旅游化改造工程、旅游商品开发营销工程和旅游人才培育工程;"3"就是融合发展、区域合作和中俄蒙跨境旅游三项重点工作。"643X"品牌体系,包括六大品牌口号:"祖国正北方,亮丽内蒙古"形象口号,"内蒙古旅游,马到成功"旅游口号,"草原+风景道"线路口号,"好客、自然、温馨"旅游服务口号,"内蒙古博乐歌"旅游商品口号,"自由自在内蒙古"自驾游口号;四大区域品牌:敕勒川现代草原文明核心区、环京津冀草原风情旅游区、大兴安岭全生态旅游区、阿拉善秘境探险旅游区。打造三级品牌线路,带动若干品牌景区的发展。

我们现在有几项重点工作正在做,比如政府层面推动的旅游三项重点工程,即品牌创建、厕所革命和全域旅游;旅游局层面推动的三项重点工程,即旅游富民(扶贫)典型示范,周末内蒙古、"旅游+"

融合发展工程。

孙小荣：据我观察，中俄蒙的旅游合作这几年开展得不错，也是内蒙古在旅游外交，或者说区域合作方面的一个亮点。

魏国楠：过去全国都不重视俄蒙入境游，各个地方都重视港澳台、韩日美、欧洲市场，这是过去的思维，俄蒙的入境游客也确实比较少。但是现在不一样了，去年蒙古国大概有 100 多万游客到中国来旅游，俄罗斯有 150 万人次，80% 的蒙古国游客会经内蒙古入境，32% 的俄罗斯游客经内蒙古入境，现在这个份额是非常大的，而且还在急剧增长。所以，中俄蒙旅游合作就提上了日程，现在国家旅游局也很重视，建立了三国五地旅游联席会议制度，就是三边会谈，已经成功举办了三届。我们也借助中蒙博览会平台，推进国家旅游局与俄蒙两国旅游部门召开司局级会议，将中俄蒙旅游合作上升到国家层面。去年我们开展中俄蒙旅游合作洽谈会，中俄蒙旅游企业签署了 10 个旅游项目，合同金额 13.9 亿元。特别值得一提的是，我们策划启动"万里茶道（茶叶之路）"国际旅游联盟成立工作，联合国内 8 个省区与俄蒙两国共同签署了《中俄蒙"万里茶道（茶叶之路）"国际旅游协调会议纪要》。此外，还开展了"茶叶之路—和平之旅"中俄蒙自驾环线踏查等一系列跨境旅游活动；指导阿尔山—松贝尔跨境旅游区建设，支持额尔古纳、珠恩嘎达布其、阿日哈沙特、额布都格、满都拉、甘其毛都等口岸开展边境旅游业务。满洲里和二连浩特市在中俄蒙旅游合作中也发挥了重要作用。

另外，我们有 8 个对蒙古国的口岸，有 3 个对俄罗斯的口岸，现在国家层面推动在这些口岸的地区建立旅游合作区。同时，我们也在做中俄蒙跨国自驾游环线，去年跟一些旅行社衔接，从满洲里出去到俄罗斯，再从呼伦贝尔对蒙古国的一个口岸回来，中俄蒙三国转一圈，中国游客非常喜欢。

我们的冬季旅游也很有特色，跟东北不一样。一个是我们处在岭西，是蒙古高原，比大兴安岭东部的东北平原要冷很多，我们的雪期是来得早，去得晚，即便是在呼和浩特，供暖期都是从每年的 10 月 15 日到次年的 4 月 15 日，等于是 7 个月的供暖期。第二个特点是我们的冰雪那达慕具有民族风情，是很自然的，老百姓多少年来就在冰雪上生活，放羊牧马，这种自然的气候和生活习俗，肯定会带给游客不一样的体验。这就是我们冬季冰雪游的差异性。现在黑吉辽 + 内蒙古搞了个"冰雪联盟"，也入选国家重点推广线路，但是黑吉辽的冰雪和内蒙古的冰雪是存在差异性的，我们能够与他们形成互补。冬季旅游是内蒙古的亮点，潜力无限，也是我们未来要重点要打造和推广的品牌。

孙小荣：您对"十三五"期间中国旅游业的发展有怎样的期许？

魏国楠：现在来看，不管是国家层面对旅游业发展的要求和政策支持，还是国家旅游局对"十三五"期间全国旅游业发展的战略和战术思路，都已经比较明确，各级政府也相应地根据自身的实际情况制定了相关规划，关键还是要看落地。

我一直认为旅游这个产业只凭主管部门是不可能办好的，就得主要领导强调、督促，主要领导无非就是关注，不用他亲自去抓，他只要把旅游业的性质，比如综合性、拉动性、关联性，把这个性质能够讲出来，告诉所有的干部，在做相关工作的时候要考虑旅游，就可以了，就会产生推动作用。旅游是一种生产、生活方式，不单纯是一个产业，它关联110多个行业，所以，抓旅游能够带动百业兴，现在要将旅游业的依附性变为主导性。比如现在的旅游委改制，我认为是国家旅游局非常高明的一个手段，就是要让党政主要领导，甚至一把手重视旅游业的发展，然后建立一套完善的协调机制，统一意识，集中力量办大事。只有这样，才能更好地把现在的发展规划思路落到实处，推动旅游业更好更快地发展。反过来讲，如果主要领导不重视、不关心，很多问题操作起来难度很大，那么再好的构想和规划，都只是停留在纸面文件上的口号而已，没有实际意义！

吴贤德

品牌驱动建设"全域生态旅游省"

访谈时间：2016 年 3 月 8 日

访谈地点：北京·中央党校

访谈人物：福建省旅游局局长 吴贤德

精彩观点

▶ 当前中国旅游供给的瓶颈是什么？主要是"结构性短缺"，即低端、同质化产品过剩，优质、独特性产品供给不足。这就是旅游产品供给侧改革的方向。那么，什么叫旅游好产品？我认为世界上所有美好的东西，都可以作为旅游好产品。

▶ 我理解的"一带一路"概念，不是"引进来"，而更多的是"走出去"，就是要把我们过剩的产能通过"一带一路"转出去，与世界共享发展。旅游在这个"走出去"的过程中，有着先通先行的先天性优势。

▶ 福建的旅游资源非常丰富，但是缺少全国性和世界性的"大腕"，就是星星很多，没有月亮，珍珠很多，没有钻石。那么怎么办呢？变劣势为优势，把星星串起来，变成一个大月亮，把珍珠串起来，变成一个大钻石，用"全域生态旅游省"的概念来统筹，以"清新福建"品牌形象来统揽，打造全域集成的品牌吸引力。

▶ 我认为旅游品牌形象的营销推广，是旅游主管部门的主要职能之一。而且做旅游应该强化品牌营销，因为现代商业就讲究品牌符号，没有品牌就没有市场感召力和竞争力，这是不言而喻的。品牌形象就是一个符号，也是最宝贵的无形资产，所以，品牌经济也叫"符号经济"。但是这个符号不是一个空泛的东西，它得有具体的文化内涵和情感。

▶ 品牌传播的过程，除了要注重媒介的组合运用策略，更关键的是要做内容创意。我认为，在新媒体时代，无用的信息越来越泛滥，有价值的内容越来越稀缺，那么坚持内容为王，用好媒介，就是品牌传播的制胜之道。

▶ 　我认为旅游工作就是要突出工作重点，强化协调和统筹，始终坚持"一张蓝图绘到底"，不管是一年还是三年、五年规划，首先要厘清思路，最重要的是要创新机制。有一个好思路，一套好机制，一批好人才，精准发力，持续接力，久久为功，福建旅游必将享誉全国、走向世界。

孙小荣：本来我春节前就应该采访您的，结果由于时间、行程没错开，一直拖到现在，没想到我们在北京见面了。

吴贤德：我觉得借助在中央党校学习的机会，选择在全国旅游工作会议之后、世界旅游发展大会召开之前与你在北京见面，深入地交流对福建旅游的看法，也是一种很好的方式，这样也省得你来回跑。他们建议，实在不行就通过电话或者邮件采访，我说不行，我必须跟你见个面好好聊聊。此前，我拜读过你的文章，你对全国旅游有深度的思考研究。通过访谈这种方式，我们可以无拘无束地进行思想互动，深入探讨或者说"头脑风暴"。同时，你也可以对福建旅游发展多提宝贵意见。因为你既洞察全国旅游发展的最新动态，又经常到全国各地实地考察，掌握丰富的第一手资料，可以从全国的角度或者说以第三只眼睛看福建旅游，提出自己的建议。因为从比较的眼光看福建和从我的角度看福建，是不一样的。

孙小荣：是的，我也认为这种采访是自己学习的一个过程，因为每位旅委主任和旅游局长，都会站在各自的立场，用自己的体会和经验谈中国旅游业的改革发展，谈自己主政一方旅游的思考和成果，每一次都让我受益匪浅。

吴贤德：所以，我认为采访不是目的，多贴切实际，倾听各方声音，了解各地旅游发展的典型案例，你研究中国旅游时，就会有多维度的切入点。因为中国地域辽阔，自然资源禀赋、历史人文资源、经济发展水平差异巨大，每个地方对旅游业发展都有自己的独特模式，但整体来看又是相通的。你做的事情就是从地方发展切入，通过访谈，海纳百川，一个地方一个地方去深入了解、梳理、研究，才能居高望远，形成对全国旅游的系统看法。所以，我认为，你做的事情，不管是对于地方旅游发展、全国旅游发展，还是你个人的研究，都非常有意义。

孙小荣：感谢您对我工作价值的肯定。我知道，您是去年才调到福建省旅游局，应该是"515战略"实施之后。

吴贤德：我是去年6月份到省旅游局工作，第一份学习材料就是"515战略"，不管是业界，还是社会舆论，对这个战略的关注度很高，我也算是赶上了一个好的起点。认真学习之后，我认为"515战略"的思路体系非常清楚，"五大目标""十大行动""五十二项举措"，包括2016年全国旅游工作会议又提出15个重点任务，54项工作部署，我认为这是对"515战略"的再提升、再补充和再完善。而且各项工作都分得很细，都有很明确的目标、抓手和重点，这对我们地方推进旅游发展非常有益。当然，旅游业当前处在急剧的变化期，不管是市场层面，还是国家政策层面，都会出现很多新现象和新举措，国家旅游局也在围绕整体战略目标的同时，与时俱进地通过专题会议、专项推进等方式灵活应对和部署，我认为这种快速反应、灵活部署的工作势头非常好。

孙小荣：结合工作实践，您认为"515战略"取得了怎样的阶段性成果？在今年"两会"李克强总理所做的政府工作报告中，提到要"落实带薪休假制度，加强旅游交通、景区景点、自驾车营地等设施建设，规范旅游市场秩序，迎接正在兴起的大众旅游时代"。在政府工作报告中，如此显耀地论述旅游业，还是头一回。我认为这既有市场的推动，也有这一年来旅游业敢于担当、勇于作为的结果，最终形成了上下呼应的这种格局。

吴贤德：经过这半年多的工作实践，我认为"515战略"有这样几个特点：一是站位高。把旅游业放在当前国民经济发展的新动力、新引擎，放在"强国富民"的时代使命层面来思考。李克强总理的政府工作报告，主要是围绕中央经济工作会议精神，还有"十三五"规划来做的，其中讲了很多供给侧改革的问题。很显然，在全国固定资产投资增速下滑、国内经济下行压力加大的情况下，旅游业的投资、消费和出口都在持续强劲增长，将成为"供给侧改革"的重点领域和一道靓丽风景。

孙小荣：但是，报告对旅游业的定义，同时也说明旅游业本身也存在供给不足，要求旅游业自身也亟待进行供给侧改革，进行产能优化升级。

吴贤德：所以报告强调"要落实带薪休假制度，加强交通、景区景点、自驾车营地等设施建设"。当前中国旅游供给的瓶颈是什么？主要是"结构性短缺"，即低端、同质化产品过剩，优质、独特性产品供给不足。这就是旅游产品供给侧改革的方向。那么，什么叫旅游好产品？我认为世界上所有美好的东西，都可以作为旅游好产品。这个概念就非常广泛，从农业产品、文化产品到工业产品，大到厦门和泉州这样的滨海城市、福州"三坊七巷"这样被誉为"半部中国近代史"的历史文化街区，还有神奇的福建土楼，小到一瓶永春老醋、一把湛庐宝剑、一张柘荣剪纸，大到海峡旅游博览会、妈祖文化旅游节，小到武夷山的《印象大红袍》、厦门的《闽南神韵》这样的文化演艺产品，甚至一个书画展，都可以成为旅游产品。所以，这几年，我们一直在倡导"旅游+""+旅游"，深入推进产业融合、全域旅游。

孙小荣：关键是要做出特色，做出品质，要成为有效供给。

吴贤德：就是要不断优化旅游产品结构，丰富优质旅游产品供给、实现产品营销服务升级，这也是李克强总理为什么重点强调"景区景点"、"自驾车营地"等设施建设的原因。包括去年李金早局长提出的"旅游+"，今年重点建设全域旅游示范区等，其目的都是如何更好地创新旅游产品、形成多元业态。旅游的冲动在于体验陌生和差异，旅游供给的目的是为了满足游客的需求，人的需求日新月异、千差万别，一成不变的产品会造成审美疲劳，缺乏持久的吸引力。旅游产品结构优化了，丰富了，就能吸引更多人来旅游，旅游增加值自然就上来了。所以，我认为旅游投资、旅游产品的优化升级和旅游公共服务的提升完善，是满足供给侧改革的重点工作。

"515 战略"的第二个特点是看得远，着眼于未来 35 年如何发展，而且明确了 2020 年、2050 年的阶段性目标，实现从全面小康型旅游大国到初步富裕型旅游强国的新跨越。推动旅游业更好地服务于国家战略，比如旅游外交、旅游扶贫、响应"一带一路"等。

实际上，我理解的"一带一路"概念，不是"引进来"，而更多的是"走出去"，就是要把我们过剩的产能通过"一带一路"转出去，与世界共享发展。旅游在这个"走出去"的过程中，有着先通先行的先天性优势。比如我们去年的出境游人数达到 1.2 亿人次，已经成为世界第一大出境旅游消费国；锦江、首旅、万达、海航、复星等品牌企业都已经投资海外市场，随着这种投资的兴起，随之输出的还有人才、技术、管理、服务、材料，甚至与之配套的工业产品，这就会有利于我们解决制造业产能过剩的问题。

现在我们要着力培育世界级的旅游品牌。举个简单的例子，故宫、长城和熊猫等都是典型的中国符号，神奇的福建土楼作为世界自然文化遗产，是"大家庭、小社会和谐相处的典范"，也应当成为全世界游客共同体验的宝贵财富。世界十大酒店集团，美国占了 8 个，英法各占 1 个。发达国家的游客消费是品牌导向，住酒店就认品牌，甚至就认自己国家的品牌，不住别的酒店。如果说我们的锦江饭店、北京饭店等国内酒店集团能"走出去"，成为国际品牌，就接待中国出境游客，都非常了不得。同时，拥有国际旅游品牌也是中国旅游参与世界旅游竞争的筹码。

三是重塑形象。对内大力整治市场乱象、倡导文明旅游、发起厕所革命，对外开拓旅游外交，构筑旅游对外开放新格局，比如开展中日友好交流大会，中美、中韩、中印互办旅游年，争取到首届世界旅游发展大会的主办、承办权等，使得旅游业走到了国家外交的前沿，成为国家外交不可或缺的组成部分。

这是我对"515战略"三个维度的理解，总结一下就是站位高、看得远、重塑旅游形象。

孙小荣： 前面是您对"515战略"的理解，尤其是从宏观的视角对当前供给侧改革、"一带一路"战略背景下旅游业发展所做出的研判，我认为非常新颖。下面，我想听您谈下福建旅游的新突破，以及您对福建旅游发展的理解。

吴贤德： 福建旅游新的突破，是确立了全面打响"清新福建"品牌、建设"全域生态旅游省"的目标。我们的灵感主要来自2001年习近平总书记当年在福建任省长时提出要建设"生态省"的战略构想。他多次强调"生态资源是福建最宝贵的资源，生态优势是福建最具竞争力的优势，生态文明建设应当是福建最花力气的建设"。2014年下半年，习总书记到福建考察时明确提出要建设机制活、产业优、百姓富、生态美的新福建。福建省委、省政府高度重视旅游业发展，尤权书记、于伟国省长多次对旅游工作做出重要指示，要求我们加快旅游业转型升级，打响"清新福建"金字招牌，为再上新台阶、建设新福建做出更大贡献。

另一方面，源自福建旅游的资源特色，我们总结为"329"体系：福建有三处世界遗产，包括世界文化与自然双遗产——武夷山、世界文化遗产——福建土楼、世界自然遗产——泰宁丹霞；两处世界地质公园，包括泰宁、宁德；九个独特资源，即生态、海洋、温泉、茶、庙宇、台湾、土楼、多元文化、海丝，包括华人华侨文化。

福建的旅游资源非常丰富，但是缺少全国性和世界性的"大腕"，就是星星很多，没有月亮，珍珠很多，没有钻石。那么怎么办呢？变劣势为优势，把星星串起来，变成一个大月亮，把珍珠串起来，变成一个大钻石，用"全域生态旅游省"的概念来统筹，以"清新福建"品牌形象来统揽，打造全域集成的品牌吸引力。

生态是福建发展旅游最大的优势，我们准备打造"全域生态旅游省"，比国家在海南试点打造的"全域旅游省"多了"生态"要素。所以，"全域生态旅游省"是福建首次提出，也是落实中央首个批准的"全国生态文明先行示范区"的要求。

第二个突破，我们认为是"闽台旅游合作"。海峡两岸的地缘关系，同根同源的亲情和文化纽带关系，是福建开展闽台旅游合作的先天性优势。去年，龙岩列入第五批赴台个人游试点城市，福建居民赴金马澎旅游实现"落地签"，率先试点台湾自驾入闽。"台旅会"上海办事分处在福州设立办公室，这也是"台旅会"继在北京、上海办事处之后，在大陆设立的第三个办事处。据统计，经福建口岸赴金马澎和台湾本岛旅游的人数已经突破 52 万人次，增长了 61.8%。

孙小荣：我前几天去合肥，乘坐的高铁就是"清新福建号"，我还拍了高铁的车体广告，发了条微信，说"清新福建，自由风行"。这几年福建在品牌营销方面，也投入了很多，品牌影响力已经特别明显。

吴贤德：这正是我要说的"清新福建"品牌的营销，也是福建旅游成效最明显的突破。去年，我们完成了"清新福建"的标识设计，并在国家工商总局进行了商标注册。这个标识融合了福建最具代表性的绿水、青山、阳光、空气、海洋、水仙等元素，既体现了福建优质的生态环境，又突出了福建独特、深厚的文化底蕴。我们建立整合营销机制、强化全省整合营销、发挥市场主体作用，通过在 CCTV、BBC、CNN 等 30 余家境内外主流媒体投放广告、拍摄"清新福建"系列专题节目，结合微博、微信、facebook、twitter、youtube 等网络新媒体，构建起多元的传播渠道。

同时，通过举办高铁营销、网络营销、节庆营销，尤其是牵头与"海丝"沿线省市区旅游局成立"中国海上丝绸之路旅游推广联盟"，承办"首届海上丝绸之路（福州）国际旅游节"，成立"福建旅游国际推广中心"等，可以说已经构筑起立体化传播、全世界覆盖的"清新福建"品牌营销体系，"清新福建"的品牌体系已经初步形成。今年，我们又加大了品牌营销的投入力度，目的就是要把"清新福建"打造成国内一流、世界知名的大旅游品牌。

其他方面，比如智慧旅游、旅游厕所建设，市场监管和旅游投资等方面，我们投入的力度都比较大，成果也非常可观。尤其是旅游厕所建设，尤权书记亲自做了批示。去年福建新建旅游厕所457座，改扩建195座，完工率100%。在建旅游项目325个，实际完成投资478.32亿元，占投资计划的112.21%。我在这里就不展开说了。

孙小荣：开展"中国国际特色旅游目的地"品牌创建，也是"515战略"中的一项重要举措。您如何看待旅游品牌营销？

吴贤德：我认为旅游品牌形象的营销推广，是旅游主管部门的主要职能之一。而且做旅游应该强化品牌营销，因为现代商业就讲究品牌符号，没有品牌就没有市场感召力和竞争力，这是不言而喻的。品牌形象就是一个符号，也是最宝贵的无形资产，所以，品牌经济也叫"符号经济"。但是这个符号不是一个空泛的东西，它得有具体的文化内涵和情感。比如说"清新福建"，它是基于森林覆盖率连续38年全国第一，全省23个城市的空气质量达到或超过国家环境空气质量二级标准，12条主要水系水质状况优良，成为水、大气、生态环境全优的基础上提出来的。

解决了定位的问题，最关键的还在于传播。品牌传播的过程，除了要注重媒介的组合运用策略，更关键的是要做内容创意。我认为，在新媒体时代，无用的信息越来越泛滥，有价值的内容越来越稀缺，那么坚持内容为王，用好媒介，就是品牌传播的制胜之道。

另外，一定要形成立体化的传播体系和矩阵化的品牌体系。从国家层面来讲，一定要加强"美丽中国"形象的国际营销推广力度，同时，要注重跟地方协调统一，形成以"美丽中国"形象为统领，地方品牌形象为支撑的整体推广格局。目前，各省在国际市场的营销力量特别分散，没有形成统一的线路和格局，没有与"美丽中国"形象形成相互辉映的营销矩阵和传播体系。国家层面应该重视这个方面，最好有个整体的国际推广规划。

孙小荣：福建旅游在"十三五"时期，有着怎样的愿景和部署？

吴贤德：福建旅游的整体目标，就是要把福建建设成为中国重要的自然文化旅游中心和国际知名旅游目的地。围绕这个整体目标，我们也总结了一个体系：打响一个品牌，即"清新福建"旅游品牌；实现"三个清新"，即自然环境清新、社会环境清新、工作作风清新，这是对"清新福建"品牌的丰富和延展。

实施"五个三"战略：第一个"三"是建设"三大旅游区"，即全域生态旅游省、全国生态旅游先行区、海峡两岸旅游交流合作先行区，21世纪海上丝绸之路旅游核心区；第二个"三"是构建"三大旅游带"，即蓝色海丝带、绿色生态带和红色文化带，蓝、绿、红，刚好是"三原色"；第三个"三"是打造"三大旅游核"，即福州省会城市、厦门国际门户、武夷新区；第四个"三"是推动"三大转变"，即旅游发展向国际化、专业化、标准化转变，旅游产品向观光、休闲、度假并重转变，旅游服务向优质高效转变；第五个"三"是实现"三大突破"，即力争到2020年实现全省接待游客总量突破5亿人次，旅游总收入突破7000亿元，旅游产业增加值占全省生产总值比重突破8%。

同时，我们还将实施旅游"六个100"工程和开展"个十百千万"行动计划。"六个100"是力争2016年改造提升100家旅游景点，挖掘100名历史人物，建设100个旅游设施基地，推出100道福建名菜，发展100家旅游企业，设计100种旅游创意纪念品。"个十百千万"是力争到2020年，全省建成厦门、福州2个国际旅游城市，10个全域旅游县（市），100个休闲集镇，1000个乡村旅游特色村，10000个具有福建特色的观光、休闲、度假、康养、研学等各类旅游产品。"六个100"工程和"个十百千万"行动计划都是为了更好地实现"五个三"战略，把福建建设成为中国重要的自然文化旅游中心和国际知名旅游目的地。具体来说，"六个100"是抓手、是载体，是今年工作的重点，主要是大力推进旅游供给侧结构性改革，推动旅游与其他行业、领域融合发展，丰富旅游产品供给。"个十百千万"是目标、是支撑，目的是要形成"清新福建"旅游产品体系，让福建有景有人、有静有动、有头有脸、有声有味。

当然，发展最核心的还是需要优秀的人才。在旅游人才的培养方面，我们也提出了"百千万"培训计划，就是要培养旅游行政管理人才、旅游企业领军人才、旅游教育人才各100名；培养旅游服务技能人才、旅游新业态服务人才各1000名；培训旅游基础从业人员100000人次。我们还将大力实施旅行社和"金牌"导游培训工程，提高整体服务水平。

我认为旅游工作就是要突出工作重点，强化协调和统筹，始终坚持"一张蓝图绘到底"，不管是一年还是三年、五年规划，首先要厘清思路，最重要的是要创新机制。有一个好思路，一套好机制，一批好人才，精准发力，持续接力，久久为功，福建旅游必将享誉全国、走向世界。

秦景安

实施六大工程，建设"畅游江苏"

江苏

访谈时间：2015 年 12 月 8 日
访谈地点：南京·江苏省旅游局
访谈人物：江苏省旅游局局长 秦景安

🎙 精彩观点

▶ "515战略"推行以来，出手快，出拳重，甚至可以说是出手狠。现在全国旅游市场长期存在的一些顽疾开始得到明显改善，尽管一些地方仍不时暴露出强迫游客购物、欺客宰客等问题，但是经过这一年的大力整顿，毋庸置疑，整个旅游市场的秩序已经有了根本好转，并且继续向好的方向转变。

▶ 说实话，以我们江苏的经济发展水平，搞一些高标准的旅游厕所是没问题的，但是我们不提倡，不推广。我们今年在全省搞了一个旅游厕所设计大赛，本着贯彻"绿色"、"环保"的理念，我们追求人性化、标准化，甚至艺术化，但不提倡过度奢华。

▶ 我们正在全面构建"畅游江苏"体系。所谓"畅"，即顺畅、舒畅、欢畅。旅游厕所够不够、好不好，直接关系到"畅游江苏"品牌建设。所以，旅游厕所建设管理，是江苏旅游发展中的长期任务，也是重大使命。

▶ 镇江、常州等市是全国首批尝试做智慧旅游的城市，2012年成为首批国家智慧旅游试点城市。国家旅游局把"旅游＋互联网"大会放在江苏常州开，也是因为常州的智慧旅游公共服务体系做得比较好，走在了全国的前列。

▶ 宏观上来讲，我们希望进一步提高旅游业在国家整体战略中的地位。一句话，就是要把旅游业纳入国家"四个全面"和"五位一体"的战略布局，只有这样，旅游业才能为中国经济发展释放更大的"红利"

和驱动力。

▶ 习总书记在江苏考察时，还提出"迈上新台阶，建设新江苏"的要求，什么叫新江苏？就是要经济强、百姓富、环境美、社会文明程度高。

孙小荣：今年国家旅游局把好几个重要的会议放在江苏开，比如全国旅游新闻宣传工作会议是在扬州，"旅游＋互联网"大会是在常州，也组织专家、媒体团队对江苏的旅游厕所建设及管理进行深度考察调研，这些会议和活动我都有参与，所以，相对而言，今年我到江苏的次数比较多。我们知道，广东和江苏的旅游总收入一直遥遥领先于全国，各个城市的旅游发展呈现出百花齐放的格局。那么，我想对于这一年的旅游发展，您应该有更加深刻的见解。

秦景安：首先感谢你对我们江苏旅游的关注。先说下我对今年旅游发展工作的整体感受，一个大前提是，今年因为"515战略"部署的推行，旅游发展的整体氛围跟往年有所不同。"515战略"一是有高度，站在国内外旅游发展大势来研判；二是有深度，实际上既回顾过去35年来我国旅游发展的经验，又展望未来35年旅游发展的前景，有很大的历史纵深感；三是有广度，不仅着眼于全国的旅游发展，还明确了中国旅游在世界旅游格局中的角色定位问题，同时对旅游要素的发展方面，李金早局长在原来传统六要素基础上提出了新六要素，这个广度就不仅仅是地理空间的广度，还有产业空间的广度，让旅游业的重要性得到清晰的凸显。

李金早局长的确对中国旅游业发展具有独到见解，做了深入的思考。"515战略"中提出的几个问题都发人深省，也是在发展旅游业过程我们基层经常碰到的、不容回避的一些问题，他非常敏锐地把这些问题提出来。

比如以前一般都认为旅游业主要的贡献是靠消费来拉动经济发展，但实际上旅游在消费、投资、出口"三驾马车"拉动力方面都有很大贡献。像诸如此类的新解读和新定位，对我们基层做好旅游工作有很大的启发和指导意义。所以，我们认为，"515战略"的实施对中国旅游业当下及未来的发展具有重大意义，经过这一年的推行，已经取得阶段性的成效。

孙小荣：您认为，这些成效主要体现在哪些方面？

秦景安：首先是让全国旅游行业形成了发展的新共识。这个共识就是旅游业对经济社会发展的综合拉动，认识到经济新常态下旅游促进产业融合，实现稳增长、调结构、促转型、惠民生的重要性和新使命。所以，现在许多地方都把旅游业作为战略性支柱产业来定位、来培育，也把它作为现代服务业的一个重要组成部分来布局、来推进。

第二，更加激发了旅游业的新活力。之前，我们也意识到旅游业的重要性，但是从概念或者定位上还比较模糊，到底有多重要，说不清楚，也拎不起来，底气不足。那么，"515战略"提出五大目标，推行十大行动，五十二项举措，让我们的旅游工作更加聚焦，有了主线和轴心。而且，这些举措都很接地气，有很强的针对性和操作性。

我举个例子，比如"厕所革命"，习总书记都给予高度肯定，亲自做出批示，我认为在中国旅游业发展史上具有里程碑意义。而且这项工作不仅得到了我们旅游业内的广泛认同，也得到了各地党委政府的普遍支持。江苏省委、省政府主要领导、分管领导对这项工作都做出了重要批示。所以，现在旅游厕所建设和管理创新，在全国范围内都行动起来。这正是体现了旅游的新面貌、新风尚、新活力。

第三，构建了旅游产业发展的新格局。比如"515战略"强调旅游业和其他产业之间的融合发展，尤其是后来李金早局长又发表"旅游+"的文章，在江苏省常州市召开首届中国"旅游+互联网"大会，为旅游业发展描绘出了新的愿景。实际上，江苏较早就提出要"让旅游插上文化和科技的翅膀"这个理念，比如旅游与农业融合发展休闲观光农业已经成为江苏现代农业发展的一个重要取向、重要成果。

第四，构造了旅游市场的新秩序。这点特别鲜明，"515战略"推行以来，出手快，出拳重，甚至可以说是出手狠。现在全国旅游市场长期存在的一些顽疾开始得到明显改善，尽管一些地方仍不时暴露出强迫游客购物、欺客宰客等问题，但是经过这一年的大力整顿，毋庸置疑，整个旅游市场的秩序已经有了根本好转，并且继续向好的方向转变。试想一下，如果没有这一年来"515战略"的强力推行，出狠招整治，会不会产生这些新变化？

再比如今年首次对管理不善，服务不到位的5A级景区进行摘牌、警告和曝光，我们江苏也有两个先后被曝光、警告，当地领导压力很大，同时，迅速部署和实施整改，变压力为动力，把整改当契机，对景区管理体制、问题短板进行全面梳理、彻底整治。实践证明，"坏事"

在一定条件下是可以变成"好事"的。现在，两个景区不仅原来的问题得到彻底整改，而且实现了景区品质的全面提升。

第五，树立了文明旅游的新风尚。以前在文明旅游层面，我们倡导多一些，具体举措比较少。通过"515战略"的实施，比如，我们江苏省出台了游客失信记录和通报制度，通过举办各种活动和媒体宣传，采用倡导和处罚相结合的方式，让文明旅游"虚功实做"。我们江苏全省景区景点的文明旅游志愿者队伍已经普遍建立，接下来我们还准备出台文明旅游工作指导意见，完善文明旅游的制度设计，包括文明旅游志愿者的职责、义务、权利等，建立和完善体制机制，形成全社会支持文明旅游的新风尚。

以上这些，是我对"515战略"实施以来总体上的一些感受。总结一下就是形成了新共识、激发了新活力、构建了新格局、铸造了新秩序、树立了新风尚，这也是我感受比较深的几个方面。

孙小荣：您前面谈到，"515战略"推行"厕所革命"对于中国旅游发展而言具有里程碑式的意义。作为"515战略"重要的一大行动，您认为抓旅游厕所革命在整个旅游管理服务体系中，有着怎样的作用？江苏旅游厕所建设和管理方面，尤其是在"以商建厕，以商养厕"方面，有哪些新探索和新模式？

秦景安：旅游厕所的确是件大事，一个景区能不能让游客留下美好的印象，不完全决定于它的风景，有时候风景蛮好，如果厕所一塌糊涂，那么游客不可能有好的心情，不可能有美好记忆。

我认为，抓旅游厕所体现了我们对旅游发展规律认识上的深化。第一，如厕是游客旅游过程中最普遍、最基本的需求，换句话说，可能是游客最"刚性"的需求。那么，从以人为本的理念出发，解决好游客如厕问题，也就成为旅游发展的一个基本问题。第二，旅游追求的是一种精神的愉悦，如果厕所给他留下糟糕的印象，那就一定"愉悦"不起来，这就与旅游给人美好感受的出发点南辕北辙了。所以，我认为抓旅游厕所是抓对了，抓到了关键处，抓到了根本处，抓住了要害。

我们江苏旅游厕所建设在今年1月份就开始部署，与国家旅游局的部署高度一致。国家旅游局召开"厕所革命"专项工作会议之后，我局和各个省辖市旅游部门签订了旅游厕所建设管理责任书，而且是由我和各市旅游部门"一把手"签的，这就意味着把厕所革命作为今年一个明确的目标必须完成。同时，我们出台了旅游厕所建设管理三年行动计划。从到10月底的考核情况看，还是比较好的，新建改建完成率超过了97%，这在全国来讲是名列前茅的。

为了交流检查工作进度和质量，年中我们在溧阳市召开了全省旅游厕所建设管理现场会，在会上我们播放了经过对全省旅游厕所进行摸底、暗访后拍摄的片子，一半案例是搞得比较好的，一半案例是搞得比较差的，让大家来评判，好的它好在哪里，不好的问题出在哪里，一目了然。看了之后，大家触动很大。会议之后，回去各自检查，开展学先进、补短板活动。

说实话，以我们江苏的经济发展水平，搞一些高标准的旅游厕所是没问题的，但是我们不提倡，不推广。我们今年在全省搞了一个旅游厕所设计大赛，本着贯彻"绿色"、"环保"的理念，我们追求人性化、标准化，甚至艺术化，但不提倡过度奢华。比如，我们要求江苏的旅游厕所在厕位间内，都要安装一个能摆放手机之类的小搁板，以方便游客放一些小物件。虽然国家标准规范中没有这样的规定，但我们把这个细节考虑进去了。

孙小荣: 旅游厕所其实建是一方面，管理是另一方面，建好很容易，但管好不容易。

秦景安: 所以我们讲旅游厕所是"三分建七分管"，实际上真正的问题是在长效管理。在管理方面，江苏利用互联网技术来实现长效管理、全天候管理。苏州现在已经率先实现互联网管理，他们研发了一个厕所网上监管系统，比如其中有一个功能，厕所门口有个二维码，只要游客用手机扫描一下，就会出现投诉平台，你认为这个厕所现在这个时间段拥挤不拥挤，厕位够不够，卫生好不好，存在什么问题等，游客可以评价，参与评价的还可以进行抽奖活动。管理部门根据游客反映的问题，对厕所的管理服务进行改进和提升。负责开发这个管理系统的公司，受苏州市旅游部门的委托，与景区签订合作协议，负责对厕所进行日常管理。

我认为，建设厕所解决的是够不够的问题，厕所管理解决的是好不好的问题。我们现在正准备将这个模式，在全省进行推广。长效管理就要发挥政府有形的手和市场无形的手，特别是要利用新技术、互联网来实现实时的、全天候的、长效的监管，把管理者的职能管理与旅游者的配合监督有机结合起来。

所以我认为，"厕所革命"是一场风暴，首先是观念转变了，其次是作风转变了，第三是"革命"真正"革"出了成效。

孙小荣：那么，除了"厕所革命"江苏要做到全国领先，您认为还有哪些方面，江苏也有着这样的自信和底气？

秦景安：江苏是旅游大省，我们正在全面构建"畅游江苏"体系。所谓"畅"，即顺畅、舒畅、欢畅。旅游厕所够不够、好不好，直接关系到"畅游江苏"品牌建设。所以，旅游厕所建设管理，是江苏旅游发展中的长期任务，也是重大使命。之所以确定这样的定位，是从江苏的特点和禀赋出发的。江苏的旅游资源跟中西部地区不一样，可以说是江河湖海汇聚，一马平川。这种资源特点就要求我们必须从江苏的资源禀赋出发，来发展旅游新业态，构建旅游发展新格局。

第一，江苏江河湖海优势兼具，生态环境比较好。目前，江苏省观光游和休闲度假游正在发生历史性变化，由过去的6:4变成现在的4:6，这也是我们的旅游经济总量一直比较高的原因，深度体验的休闲度假产品比较丰富。

第二，江苏交通发达，是长三角的重要支点。过去有上海、南京等长三角核心城市拉动，现在京沪高铁开通后，北京也成为我们的核心客源城市。我们去年开始做"落地自驾"项目，做得很成功，这也是与现代交通相结合的产物。这类项目，使得游客到我们江苏来休闲度假变得非常便利。

第三，江苏公共服务比较完善。传统的旅游六要素"吃、住、行、游、购、娱"加上"商、养、学、闲、情、奇"新六要素，包括互联网信息化管理，我们江苏相对来讲都是比较丰富、完善的。镇江、常州等市是全国首批尝试做智慧旅游的城市，2012年成为首批国家智慧旅游试点城市。国家旅游局把"旅游+互联网"大会放在江苏常州开，也是因为常州的智慧旅游公共服务体系做得比较好，走在了全国的前列。大会期间，国家旅游局又授予常州市中国"旅游+互联网"创新示范城市。

第四，江苏文化底蕴比较深厚。比如看京杭大运河沿线的江苏旅游城市，包括它的古城、古街遗存、蕴含的商业文化、工业文化、丝绸文化等，这些元素跟旅游融合的非常好，是可见可触可感的。比如我们说的"丝绸"，要追溯它的源头，其实是两种东西，你要真正认识丝认识绸，我可以告诉你，丝在苏州吴江的震泽，绸在吴江的盛泽。还有以无锡、苏州为代表的吴文化，以徐州为代表的楚汉文化，以南京为代表的六朝文化、民国文化。江苏的佛教文化也是独树一帜的，比如无锡灵山、镇江金山，宜兴大觉寺是星云大师出家的地方，还有最近刚刚开园的南京牛首山，还有宝华山隆昌寺，苏州寒山寺等等。还有我们江苏的美食，淮扬菜那是闻名天下。像这些文化元素，太多太丰富，也太有感触了，我这里就不一一列举了。

孙小荣：旅游投资这块，江苏表现如何？

秦景安：江苏的旅游项目建设，可以说也迎来了最好的时期，去年全省完成旅游投资 1500 亿元。今年的目标是 1700 亿元，从目前的情况来看，还是能够完成的，比去年增幅大概是 11%。一批旅游重大项目正在落地建设，比如刚刚提到的牛首山文化旅游区，档次很高，看了很震撼；银杏湖主题乐园，有十几平方公里，做得很精致。还有常州金坛东方盐湖城，建成后也会很震撼的。南京市引进新加坡仁恒集团，以郑和下西洋这个故事为线索，投资建设大明文化旅游区，最近又和美国一家公司签订一项 300 亿元的投资协议，规划建一个"创意梦工厂"，等等。

孙小荣：对"515 战略"后两年的推进实施，或者说对"十三五"旅游发展，有哪些期许？

秦景安：宏观上来讲，我们希望进一步提高旅游业在国家整体战略中的地位。一句话，就是要把旅游业纳入国家"四个全面"和"五位一体"的战略布局，只有这样，旅游业才能为中国经济发展释放更大的"红利"和驱动力。

第二点建议，希望在即将要出台国家"十三五"发展规划中，有专门的章节来讲"十三五"时期的旅游发展。

第三个建议，江苏是"一带一路"的交汇点，所以，希望国家旅游局在规划"一带一路"旅游发展方面，把江苏放到一个重要的节点当中。

习总书记在江苏考察时，还提出"迈上新台阶，建设新江苏"的要求，什么叫新江苏？就是要经济强、百姓富、环境美、社会文明程度高。

所以，围绕这个目标，我们江苏旅游明年的重点工作就是要抓"六大工程"：诚信旅游创建工程、公共服务优化工程、乡村旅游升级工程、旅游市场拓展工程、区域旅游合作工程和文明旅游倡导工程，以"六大工程"为抓手，不断打造"畅游江苏"品牌，让旅游再上新台阶，为建设新江苏做出更大贡献。

钱远坤

旅游让扶贫更有尊严

湖北

访谈时间：2015 年 12 月 10 日
访谈地点：武汉·湖北省旅游发展委员会
访谈人物：湖北省旅游发展委员会 钱远坤

🎤 精彩观点

▶ "515战略"实施一年来，相信全国旅游行业都深有感触，感到责任大、事情多、要求高，有一种"放不下、等不起、慢不得"、"不进则退、慢进亦退"的紧迫感，一种"战战兢兢、如履薄冰"的危机感，一种"顾全局、担大责、勇创新"的责任感。

▶ 旅游作为一个衍生经济，它眼球经济的特点最能体现创新发展；它综合产业的特点最能协调发展；它低碳环保无烟工业的特点最符合绿色发展；它作为先导产业的特点，带动和拉动先导产业，最能体现引领开放发展；它作为一项评价幸福指数的民生事业，最能满足共享发展。所以我说"创新"、"协调"、"改革"、"绿色"和"共享"这五个发展理念，正好与我们的旅游发展是高度契合的。

▶ 我的观点是，对于旅游扶贫来讲，它不是一种施舍，旅游扶贫是有尊严的扶贫，所以扶贫不唱悲剧，我们要唱喜剧。

▶ 我们扶贫有三句话：沉重的话题能否用轻松的姿态去阐释？艰巨的任务，能不能用休闲的方式去担当？少数人的贫困，能否用多数人的参与来消减？这就是旅游扶贫，我们把它当旅游扶贫的风度。

▶ 因为旅游扶贫它是一种间接扶贫，是一种造血式的扶贫，它可以通过扶贫来带动产业发展，带动老百姓的就业。同时这些好的产品卖给游客，用好的服务服务游客的时候，他是有尊严的扶贫。所以，我认为旅游扶贫是最好的扶贫方式。

▶ 我也提出"三个坚持"，就是坚持"产业与事业兼取"、"规范与促进并重"、"保护与发展协调"的大逻辑，将旅游业作为国家生态文明建设和转变发展方式的重要载体，构建城城市与乡村、经济与社会、人与自然更加和谐的发展关系，实现更可持续的良性发展。

孙小荣：请您综合评价下，"515 战略"对于当下中国旅游产业发展的意义和作用，经过一年的推行，您认为效果如何？

钱远坤："515 战略"可以说是为新时期中国旅游发展明确了发展目标和行动纲领，让全国旅游行业精神振奋，信心倍增。回顾这一年的历程，一方面感叹时间过得太快，很多工作来不及总结；另一方面，感到压力很大，我们的工作离既定的目标还有较大差距，还需要坚定不移地继续推进。这是我的整体感受。

我所理解的"515 战略"，是引领中国旅游的改革和发展的纲领，特别是在新时期，顺应了国家经济社会发展的大战略，主动作为，解决了旅游行业在发展的过程中所积淀的一些矛盾和问题，为推进旅游在经济新常态背景下更好地发展打下了一个非常好的基础。

同时，也体现了旅游业的行业作为和行业担当，体现了中国旅游人自我加压、主动谋事的责任意识和大局意识。"515 战略"的提出，必将对中国旅游业中长期发展产生重大而深远的影响，成为中国旅游业提升战略地位、拓展发展空间、强化行业自律、树立行业形象、取信公众游客、发挥行业担当的重要依据和驱动。

"515 战略"实施一年来，相信全国旅游行业都深有感触，感到责任大、事情多、要求高，有一种"放不下、等不起、慢不得"、"不进则退、慢进亦退"的紧迫感，一种"战战兢兢、如履薄冰"的危机感，一种"顾全局、担大责、勇创新"的责任感。因此，这一年来，我们是忙碌充实的一年，是取得关键突破、成果丰硕的一年。

孙小荣："515战略"是中国旅游发展到今天的阶段性特征产物，您是如何看待中国旅游当下的发展特点的？

钱远坤：旅游面临的发展形势正如李金早局长在全国旅游改革发展培训班上所谈到的那样，"风景这边独好"最能形容旅游业在新常态下的发展特征。因为旅游作为重要的服务业，作为服务业中的龙头产业，作为各个地方的战略支柱性产业，在稳增长、调结构、惠民生、促改革等这些方面，都发挥着非常重要的引擎和带动作用。

党的十八届五中全会提出的五大新理念，我想对于我们旅游来讲，最大的机遇是引领。为什么呢？因为旅游作为一个衍生经济，它眼球经济的特点最能体现创新发展；它综合产业的特点最能协调发展；它低碳环保无烟工业的特点最符合绿色发展；它作为先导产业的特点，带动和拉动先导产业，最能体现引领开放发展；它作为一项评价幸福指数的民生事业，最能满足共享发展。所以我说"创新"、"协调"、"改革"、"绿色"和"共享"这五个发展理念，正好与我们的旅游发展是高度契合的。从这个角度来看，我认为目前旅游业的发展，正好是契合了这样的实际，旅游业的最大机遇也应该在这里。

那么正如你所说，"515战略"刚好顺应旅游发展大势，顺应新常态经济社会的发展大势，与产业的特征有了更好的结合。目前旅游发展的大势我把它分成三个阶段：

第一个是旅游泛时代。所谓的泛时代是旅游的无边界化越来越明显，特别是在资源的泛化、活动的泛化和效益的泛化这三个方面体现得非常突出。

第二个是"旅游+"时代。这个特征也是紧随旅游泛化的产物，它体现在旅游与其他产业的融合性，发展效益的最大化和集约化。尤其是现在，当旅游和扶贫相结合的时候，我们提出两句话：旅游是扶贫的资本，扶贫是旅游的战场。所以，我认为旅游+时代的特征，在旅游扶贫层面得到了最大化的体现。我理解的"旅游+"是个"产业+"的概念，"互联网+"我认为它只是一种工具，但"旅游+"是一种空间，是一种目标，也是一种方法。

第三个是旅游创时代。旅游大发展为我们的"大众创业、万众创新"提供了一个非常好的机遇，很多老百姓实现在家门口就业。同时，旅游本身又是文化创意产业，很容易形成创客基地。包括你自己的职业也是，你原来在凤凰网做得也不错，为什么要搞工作室？你肯定发现旅游作为一个创意产业，有你发挥的空间，比在凤凰网工作更能发挥你的优势，彰显你的价值。是不是？

孙小荣：嗯，是这样的，可以这么说。

钱远坤：实际上，这恰恰说明，旅游创业的空间很大，需求也很大。我昨天到恩施去看了几个乡村旅游项目。当地人就讲，原来好多老板在谋求转型的时候，仅仅是把乡村旅游作为一个房地产项目来考虑，但是后来发现乡村旅游的真正价值以后，他们的投资目标和理念都发生了改变，无论从规划开发的定位、价值，还是综合效益方面，都发生了一些质的飞跃。我觉得这都是活生生的例子，所以我说目前我们进入了这三个时代，这三个时代的特征，也就是你所说的当下及未来几年中国旅游发展的阶段性特征。

孙小荣："十大行动"第四项是发动全国旅游厕所建设管理大行动（旅游厕所革命），加强旅游公共服务体系建设。从这一年"515 战略"推行的各项举措来看，"厕所革命"是产生重大社会效益的举措之一，还得到了习近平总书记的批示。湖北在推进旅游厕所革命方面，有哪些实践，好的做法和经验可以分享？

钱远坤：旅游厕所革命开展以来，我们摸索出了落实旅游厕所革命的一些方法，我们把它总结为"八动法"：**一是思想发动，也就是统一意识。**社会上对厕所问题在思想上、认识上有"三种误区"：一是认为厕所脏一点、乱一点、差一点是常事，不必大惊小怪。二是认为厕所是小事，无关紧要，不必大动干戈。三是认为厕所是难事，多年的顽疾，不好解决，不容易奏效。针对旅游行业内对旅游厕所革命存在着的畏难、推脱和应付这"三种心理"，湖北省旅游厕所革命首先把焦点放在冲刷、荡涤这些非革命的思想观念上，放在集中统一厕所革命的思想认识上。

第二个叫创新驱动。为破解厕所管理上的难题，我们着力改变过去哪里偏僻哪里建厕所的做法，代之而起的是大力倡导在显眼的地方、方便的地方建厕所，既彰显厕所的方便价值，又彰显厕所的市场附加值，显现出厕所具有的广告、商铺、居住等价值，更加有效地吸引工商资本和社会资本的进入，建立起旅游厕所后续的管理和营运机制，形成以商建厕、以商管厕和以厕养商的良性互动。

第三个叫**标准推动**。在旅游厕所革命中，我们积极探索适应新情况，注重从厕所标准入手来解决好四个突出问题，比如女性游客如厕排队的问题、外国游客如厕不习惯的问题、少数地方旅游厕所档次偏高偏低的问题、旅游厕所的常态管理问题，通过标准加大对旅游厕所管理的指引力度，引导大家在厕所规划选址、建设之初就考虑后续的管理、营运问题，并实行"一票否决"，首次取消了25家高星级农家乐称号，对1家4A景区摘牌和5家4A景区警告的处分措施，有效推动各类品牌创建更加重视旅游厕所。

第四个叫**主体调动**。湖北省在推进旅游厕所革命的实践中，重点不是旅游局自己做多少事，而是着力协调、推动各级、各相关部门、各个方面围绕旅游厕所，大家动手来做事。比如我们把厕所按照部门归属分类为景区类、交通类、城镇类、乡村类等，根据其类型特点，采用各种调动主体的方式，协调各个部门协同来推进，效果比较明显。

第五个叫**部门联动**。比如我们省旅游局联合省住建厅、省交通厅、省卫计委、省文明办、省爱卫会等6部门共同下发了《关于大力推进旅游厕所文明建设的意见》的红头文件后，各部门对厕所建设的投入也大为增加，特别是部门间实现了在厕所问题上标准互融、功能互通、建设互促、管理互抓，形成了各负其责、齐抓共管的良好局面。

第六个叫典型带动。就是在旅游厕所革命的实践中，我们注重树立典型，以点带面，推动全盘。一年来，全省树立了旅游厕所革命的"武汉经验"、"宜昌模式"两大样板和十大示范县市，极大地丰富和启迪了厕所建设、管理的实践。

第七个叫奖补促动。我们省旅游局首先从旅游发展专项资金中切出一半达2200多万元，加上国家局下拨的专项资金共接近4000万元，专门用来奖励支持各地当年新建、改建的旅游厕所。今年，全省仅各级政府用于旅游厕所上的引导性资金就超过1亿元，带动5亿多元社会资金投入厕所建设。

第八个是快速行动。可以说，我们把旅游厕所革命作为今年全局工作的"头版头条"，下"先手棋"，打"当头炮"，以快求好。我们计划三年新建、改建旅游厕所2500多座，今年计划新建、改建旅游厕所865座，实际开工的达到946座，占计划任务的109.4%。截至今年10月底，已经完工的达到了80%，将实现"首战必胜"的目标。

同时，在推进旅游厕所革命的过程中，我们也着力完善停车场、游客中心和旅游标识标牌等基础性公共服务设施。目前，湖北省"一江两山"重点区域、"一主两副"重点旅游城市、鄂西生态文化旅游圈各地沿线及乡村旅游点等已完成了交通标识标牌的标准化、统一性和全覆盖。另外，我们也在加快推进智慧旅游建设，实现旅游执法、旅行社审批注册、旅游综合统计填报等网上便捷办理。完成灵秀湖北手机掌上游二期改造，实现部分景区的自动化导游导览，语音介绍、720度全景体验功能，并实现景区门票、酒店宾馆住宿、美食特产等团购预订功能。

孙小荣：您认为这一年来，湖北旅游在其他方面还有哪些创新实践和亮点？

钱远坤："515战略"实施这一年来，湖北围绕五大目标，在实践工作中进行了有益探索，我认为在以下几个方面是我个人比较满意的，比如说产业促进、乡村旅游、市场监管、大项目投融资和品牌营销等。尤其是乡村旅游收入已经占到湖北全社会旅游综合收入的两成以上，而且基本上形成了湖北特色的乡村旅游品牌体系。

比如，我们以"以花为媒"的乡村旅游演绎了"花开湖北"的经典案例，先后打响了麻城杜鹃花、武汉樱花、"中国农谷"荆门油菜花、枣阳玫瑰花等赏花品牌，可以说是一朵花火了一座城，一片林富了一方乡亲，这样的故事不胜枚举。

湖北乡村旅游的业态，我曾经有过一段总结，就是"郁郁葱葱"的乡村生态休闲、"红红火火"的乡村星火记忆、"荆荆有味"的农耕美食体验、"楚楚动人"的乡村文化创意。我认为四大模式让湖北乡村旅游由"一枝独秀"变为"百花争艳"。

另外，湖北通过"五级联创"工作，5年整合筹集资金4.9亿余元，打造了24个旅游名镇、97个旅游名村、100个省级休闲农业与乡村旅游示范点和390个高星级农家乐，蓬勃发展的乡村旅游不仅改变了乡村面貌，还激活了乡村经济，促进了就业富民。"十二五"以来，旅游新增直接就业33.6万人，带动间接就业165.5万人，旅游扶贫使42万人脱贫，占全省在册贫困人口的18.6%。

再比如说在旅游环境综合整治方面，我们持续推广实施"六步法"，即监控旅游广告、约定合理价格、畅通投诉举报、派员随团暗访、及时约谈警告、依法严厉查处，通过这样的交互检查，重点对游客反映强烈的非法经营旅行社和导游业务、以不合理低价组织旅游活动、非法网络经营等突出问题进行整治，查处一批典型案例，切实维护了游客合法权益。

在旅游项目投融资方面，《国务院办公厅关于进一步促进旅游投资和消费的若干意见》下发后，我们专门在十堰召开了全省旅游投资和消费推进会，发布了湖北旅游十大投资热点，与实力资本企业及农业银行合作设立湖北旅游产业发展基金。仅今年在"中国旅游日"期间举办旅游投融资洽谈会上，就签署了28项旅游投融资协议，签约金额达480.90亿元，其中10亿元以上项目9个，百亿元项目3个。

品牌营销方面，尤其是在海外市场开拓方面，我们积极探索开放式的营销推动合作共赢，陆续与澳洲昆士兰州旅游局、土耳其伊斯坦布尔旅游局、哈萨克斯坦阿拉木图旅游局、希腊阿提卡省都签署了旅游合作备忘录，以旅游为窗口扩大湖北旅游的整体对外开放。

孙小荣：对"十三五"时期的湖北旅游有哪些远景和构想？

钱远坤：整体而言，旅游业的发展还是要跟国家的大战略相协同，这样旅游才能得到更好的发展，就是首先要把握大势，围绕大局，服务大众，然后才能创建大业，这是我的观点。

湖北旅游正在由一个旅游资源大省向旅游资源强省转变，旅游资源非常丰富，发展空间也很大，从生态、文化、名俗、休闲各个方面的旅游资源，在整个布局的过程中差异化特征都非常明显。像鄂西圈这一块，我们叫"郁郁葱葱"；红色旅游大别山、幕阜山这一块，我们叫"红红火火"；乡村旅游特别是赏花游，我们叫"花花世界"；荆楚文化、三国文化游，它真是叫"荆荆有味"。这个"有味"是什么呢？一个是文化品位，第二个是品味湖北，就是把湖北的"礼道"——礼品、旅游商品，做出湖北的味道。最后一句话叫"楚楚动人"，我们去年以来打造了《汉秀》《龙船调》《草庐诸葛亮》《嫦娥》《凤舞九天》等5台大型的旅游演艺节目，充分展示了我们的荆楚文化，也把我们的"极目楚天 灵秀湖北"这个品牌传播出去。

孙小荣：这个体系的总结提炼非常有意思，充满诗情画意。

钱远坤：这些都是"极目楚天 灵秀湖北"这个大品牌内涵的延展和补充，是具体的产品和线路的支撑。那么我们的"十三五"旅游规划也提出了湖北旅游的大布局，叫"一带三廊道"，"一带"就是打造长江经济带；"三廊道"，一是鄂西、民俗、风情旅游廊道；二是国脉探秘旅游廊道，就是指中部汉江和长江这一线；三是我们东部的红色经典旅游廊道。

围绕这"一带三廊道"的整体布局，我把它从战略规划上拔高的话，要做这四件事：

第一个是战略大协同。湖北要紧紧地抓住长江经济带的国家开发战略，建设"长江经济带的金腰带"，因为湖北正好在长江经济带的中间。

第二个是产业大融合。就是在促进乡村旅游、工业旅游、科普旅游、休闲旅游等这些方面落地项目支撑，要做一些经典和新创意。

第三个是行业大担当。就是在扶贫攻坚上、在补短板上要大力担当。我的观点是，对于旅游扶贫来讲，它不是一种施舍，旅游扶贫是有尊严的扶贫，所以扶贫不唱悲剧，我们要唱喜剧。

我们扶贫有三句话：沉重的话题能否用轻松的姿态去阐释？艰巨的任务，能不能用休闲的方式去担当？少数人的贫困，能否用多数人的参与来消减？这就是旅游扶贫，我们把它当旅游扶贫的风度。

因为旅游扶贫它是一种间接扶贫，是一种造血式的扶贫，它可以通过扶贫来带动产业发展，带动老百姓的就业。同时这些好的产品卖给游客，用好的服务服务游客的时候，他是有尊严的扶贫。所以，我认为旅游扶贫是最好的扶贫方式。

第四个就是理念大彰显。用旅游当好绿色的"出版社"，意思就是旅游要在大转型谋局中当好旗帜，要用旅游的理念贯穿到经济社会发展的全方位、全过程，推动发展方式转变和结构调整，走生产发展、生活富裕、生态良好的"三生"发展道路。

我也提出"三个坚持"，就是坚持"产业与事业兼取"、"规范与促进并重"、"保护与发展协调"的大逻辑，将旅游业作为国家生态文明建设和转变发展方式的重要载体，构建城城市与乡村、经济与社会、人与自然更加和谐的发展关系，实现更可持续的良性发展。

白长虹

"515战略"让旅游发展
上升至国家和世界发展议程

访谈时间：2015 年 12 月 4 日
访谈地点：天津·南开大学
访谈人物：南开大学旅游与服务学院院长　白长虹

🎙 精彩观点

▶ 一直悬而不决的问题，甚至说一直视而不见的问题，终于作为一个方案，甚至一个制度被提上国家议程、社会议程，我认为这就是重大的进步，也认为，这是"515战略"最大的贡献。

▶ 新业态跟传统业态存在本质的区别，讲究有代表性的地区，代表性的产品，代表性的季节，甚至需要特定的装备和服务。那么，基于产品形态和配套服务的供给形态，它的经营模式、盈利方式，甚至投资主体都不一样。

▶ 在互联网的推动下，形成了生态化经营，就是在景区或者业态开发中，不再是一家企业单兵作战，有可能是一群企业，在整个开发过程各个环节上各找价值缺口，形成一种优势互补的共创，就是众筹式经营，经营的形态可以灵活地优化组合。

▶ 分享把一个人的小快乐，变成了一群人的大快乐，把一个人的小发现，变成了一群人的大消费，这才是旅游消费的主流形式，甚至有些人是为了分享而旅游，有分享才有旅游，能分享才选择旅游。

▶ 在乡村旅游的带动下，农民也可以利用互联网跟市场对接，土特产直接以市场价出售，甚至要高出市场价，因为它有生态附加值、文化附加值和体验附加值，对于农民来说，是不是好事儿？

▶ 中国旅游不仅主动融入世界旅游大格局，遵循国际规则，还积极参与国际组织，主导全球旅游发展议程，作为主办方、引导者，争取世界旅游话语权，体现、表达中国的发展诉求，这具有划时代的意义，也给我们旅游人以自信和自豪。

孙小荣：2015 年年初在南昌全国旅游工作会议期间，我们曾经对"515 战略"有过深度访谈，您也是我当时采访的七大专家之一。那个时候因为"515 战略"刚刚以李金早局长报告的形式发布，所以，我们更多的是从理念和理论层面进行探讨。现在转眼一年过去了，我们来谈谈这一年"515 战略"的执行情况，或者这一年您对中国旅游变化的一些看法。

白长虹：首先，我认为你做这个系列访谈非常有意义，事实上，据我观察，你也是自"515 战略"出台这一年来，持续地这样做跟踪观察和报道的媒体人和研究者。的确做了不少工作，采用各种形式，有专访、有观察、有结合实际案例的分析报道，也有阶段性的这种总结和解读。我个人比较喜欢你写的东西，也曾经在朋友圈用"快、狠、准"来形容，有高度、有深度，也有温度，主要是这种坚持的精神，我认为非常难得。

孙小荣：感谢您对我工作有这样高的评价，当然，这是最好的鼓励和鞭策，我再接再厉！

白长虹：这个不是客气话，是由衷的欣赏。那么，我们回到"515 战略"，你前面说了，年初我们主要是从"515 战略"提出的一系列新理念和新举措来谈，现在快到年终，从这一年的落地执行情况来看，更加肯定了这套理念和举措，对于当下中国旅游业发展的积极意义。

首先，"515 战略"的确是开启了中国旅游发展的新局面。这种新局面体现在我们观念认识的改变上，也体现在国家层面对旅游业的重视程度上。一个很直观的例子，就是在"515战略"中，李金早局长提出对旅游拉动消费、投资和出口"三驾马车"的辨析，业界基本上对旅游业在新常态下更好地服务于国民经济的发展达成了共识。8月份，国务院颁布《关于进一步促进旅游消费和投资的若干意见》，可以说是"515战略"驱动下的直接转化，它转化成了各级地方政府以发展旅游抓市场需求、抓消费促进、抓投资促进，也抓对外出口，抓国际市场开拓的新手段。不可否认，以前大家都在做，但是现在更聚焦，更自信，更有底气，也更有策略。

其次，"515战略"确实增强了旅游发展的多元动力和多方合力。经济发展、社会发展、文化发展、生态发展、政治发展、民生幸福都成为推动旅游发展的动力来源。"515战略"提出的五大目标，呼应了这种新格局和新需求，尤其是十八大确立的重大发展目标，可以说旅游都能实现很好的行动路径和支撑。现在农业、交通、卫生、商业、教育、文化、体育等各部门，基本都有围绕旅游路径的发展战略，甚至出台相关政策。很多地方政府通过成立旅游发展委员会，集合多部门的力量来发展旅游也是大势所趋。这种多方合力的发展态势，跟我们过去旅游业单打独斗是不可同日而语的。

再次，"515战略"确实在市场产生了积极的效应。从统计数据来看，大家近几年比较关注的入境游，今年有所回升；旅游投资也有了比较大的突破，去年的增幅是22%，今年数据虽然还没有出来，但可以预期，是一个比较大的投资增长，大批实体巨头、地产企业布局旅游，互联网巨头阿里、百度、腾讯，包括在线旅游巨头携程、去哪儿、同程等都掀起并购潮和巨额投资。

"515 战略"另一重大突破是旅游外交与国际化方面，今年李金早局长作为习总书记特使出使汤加、习总书记欢迎日本 3000 名游客访华，举办中韩旅游年、"丝绸之路"沿线国家旅游部长会议、世界旅游经济论坛等具有国际影响的大事；首届世界旅游发展大会、联合国世界旅游组织年会确定将在中国召开、举办中美旅游年等，都意味着旅游走到了中国外交的前台，在国家战略和国际关系中扮演起非常重要的角色，这种气象是前所未有的。

整体而言，中国旅游正在这种裂变中，不管是政府宏观层面，还是市场微观层面，都在构筑着新的生态系统。

孙小荣：在这个过程中，是不是也暴露出了许多新问题和新现象，它们恰恰代表的是中国旅游当下的短板，或者阶段性特征。

白长虹：这是必然，长期以来阻碍中国旅游健康发展的一些屏障和缺陷，在这个刺激的过程中会更加凸现。比如"515 战略"非常强调市场秩序和文明建设，并推出一系列重大举措，社会的观感好像是旅游的问题怎么这么多，实际上不是说现在问题多，而是回应问题的举措多，不再犹豫这是谁该管的事，旅游系统主动出击，带动全社会来共同解决。当然，有些问题可能不会立竿见影地解决，或者靠一个部门解决不了，但重要的一点是，最起码让这些问题进入了探寻合理解决方式的议程。一直悬而不决的问题，甚至说一直视而不见的问题，终于作为一个方案，甚至一个制度被提上国家议程、社会议程，我认为这就是重大的进步，也认为，这是"515 战略"最大的贡献。因为只有提上议程，引起全社会的关注，对于旅游体系的整体建设，甚至对于社会和谐体系的整体建设，才能发挥更加有利作用。

比如文明旅游，这关乎国民的整体素质，不是说很快就能得到彻底改善，但是通过一系列举措、舆论监督和倡导、奖惩结合等方式，树立正负榜样，全社会就会重视文明旅游，从而形成一种文明出行的意识和社会氛围。在旅游人才的教育和培训方面，国家旅游局推出"万名英才培育计划"，推进青年旅游专家培养计划等工程来加强职业教育，解决人才供应短缺的问题，这在保障旅游长远发展方面意义深远，也是"515 战略"落地的一大亮点。

孙小荣："515 战略"十大行动第六项是"大力开发新产品新业态，促进旅游消费转型升级"。在李金早局长的"旅游 +"一文中，也重点阐述了新业态发展。您如何看待旅游新业态发展？

白长虹：这个话题比较大。首先什么是新业态？它是一个相对于传统旅游业态的概念，但并不是完全对立于传统业态，有些是传统业态的升级，比如基于观光、休闲、度假的产品形态或供给方式的升级，像温泉游、乡村游、邮轮游等；有些是在市场新需求驱动下产生的新业态，比如非竞赛类体育活动，像自驾、低空飞行、海钓等；各类探险活动，比如海洋探险、森林探险、文化考察探险等；生活乐趣类，比如观鸟、观鱼、观虫等；还有医疗养生、游学科普等等这些新产品形态，新业态跟传统业态存在本质的区别，讲究有代表性的地区，代表性的产品，代表性的季节，甚至需要特定的装备和服务。那么，基于产品形态和配套服务的供给形态，它的经营模式、盈利方式，甚至投资主体都不一样。

那么，基于产品形态和配套服务的供给形态，它的经营模式、盈利方式，甚至投资主体都不一样。

旅游的业态是市场需求驱动下自发形成的，它也是旅游发展的必然趋势和结果，需要政府更好地去引导发展，使其更加体系化或者说标准化。那么，今年我们也看到，在"515战略"的推动下，尤其是李金早局长"旅游+"一文对于新业态的阐述和倡导下，整个旅游行业，不管是各级政府层面，还是市场层面，对于新业态发展的期望更加迫切，更加聚焦，可以说是百花齐放，蔚为大观，这是极其难得的。有些是初步的，产品是初级的，经验还不够，但是这个局面非常喜人。

当然，如果说到动力，最大动力还是市场动力，也就是市场需求和消费驱动，是中国旅游经过36年持续发展、积累、发酵和变迁，才有了今天这样巨大的能量释放。"515战略"重要的判断是阶段论，当我们进入大众旅游阶段，市场基础放大了，同时意味着市场的分层、分级更加细化，这是主题化旅游、新型业态、新型产品兴起的最直接动力。

孙小荣：新业态除了在产品形态上体现"新"外，还有哪些新特点？

白长虹：成功的新业态还需要经营形态的创新，现在的经营主体已经非常丰富，有企业经营、个人经营、专人企业，还有延伸经营、集团化经营，甚至在互联网的推动下，形成了生态化经营，就是在景区或者业态开发中，不再是一家企业单兵作战，有可能是一群企业，在整个开发过程各个环节上各找价值缺口，形成一种优势互补的共创，就是众筹式经营，经营的形态可以灵活地优化组合。通过资本运作方式和途径，在收购、兼并、重组、合资层面灵活多变，形成产业联盟、同业联盟、异业联盟等，不管何种形式，都有着共同的价值导向。

从刚才说的主体上，有些是政府直接推动，企业经营，还有比如乡村旅游，可以实现村民自制，一村一户主体，非常活跃。前段时间我去参加杭州西湖国际博览会，这个就是政府主导下的会展活动新业态。我看到非常多元的新产品，浙江的确是做到了全国超前。比如说刚刚结束的世界互联网大会，它把乌镇这样一个旅游小镇变成了具有世界影响力的旅游目的地，其实它也是景区经营的一种业态创新路径。还有乌镇国际戏剧节，属于文化旅游新业态创新。

再从企业行业层面来看，金融、通讯企业也开始大举进入旅游业，就是因为旅游这种频繁交互、流动的体验和交流，既能为其增加新业务，也能提升市场竞争力。比如酒店，已经不仅仅是吃饭、住宿的功能，它以综合商业新业态、新服务的经营模式，变成新型的社交中心、会议中心、商品展示销售中心。

换一种思路，既然马云可以用电商搭建公共平台载体，那么旅游也可以，酒店也可以。比如在亚朵酒店你要是觉得昨晚睡觉用的枕头好，你走的时候就可以买走，甚至通过扫描枕头上的二维码，就可以直接联系厂家定制，而且枕头和二维码本身就是一个品牌传播的载体。酒店房间里的所有用品，比如洗漱用品、食品等都可以实现体验式的销售。再比如说，摄影师、书法家，可以把自己的作品作为酒店房间的装饰品，只要房客喜欢就可以买走。还有新型的O2O，最大的突破就是实现灵活、多元，可以让游客自主选择的新组织途径，实现了包括路线组织、产品组织、交通组织，甚至游伴组织等各种旅游需求服务的集成。

所以，除了市场动力，还有一个重要的动力就是技术动力，技术变迁、技术创新给旅游的新需求、新空间、新业态提供了极大的支撑。那么，再加上市场主体，即企业创新，跟国家"双创"战略相结合，跟"互联网+"和"旅游+"理念和行动计划相结合，跟社会消费升级，以新业态、新产品升级的形态，形成了良好的互动和呼应。

孙小荣：说到这里，我们也探讨下"互联网+"，因为前段时间围绕互联网，尤其是互联网电商的问题，社会舆论产生了一些比较大的分歧。您是如何看待互联网的，或者说，您认为互联网时代的旅游应该如何更好地发展？

白长虹：我记得这个问题我们之前也在微信上有过互动。我的观点是顺之者昌，逆之者亡，不管你喜不喜欢，一个不容改变的实事是，人类已进入互联网时代。那么，所谓政府该不该扶持，市场该不该追捧，这是个伪命题，难道你现在能退回去？技术已经出现，而且已经成为人们必然选择的一种生活方式，消费方式，便捷没错，便宜也没错，这种事能挡得住吗？很显然，回不去，也挡不住。

未来一定是基于互联网生态系统的分享经济时代，我为什么要说"互联网生态系统"，因为互联网不仅仅是一个工具，一个技术，它已经形成了一种新的生态系统。那么，在分享经济时代，更是旅游大发展的时代。为什么？理由很简单，旅游就是分享，没有分享就没有旅游。那么，没有互联网，旅游就很难实现更好，更便捷的分享。

我认为，如果没有互联网，旅游就没有今天这样繁荣。互联网带来了旅游的新价值，过去分享是大家聚会去分享，现在是异地也能实现及时性的大众分享，而且更多的是陌生人之间的分享。那么，这种分享就会带来新价值，新创业机会，专门为分享而创业，专门为分享而搭平台，比如微信、微博，现在我们可以一天不接打电话，但一天不用微信肯定受不了。分享把一个人的小快乐，变成了一群人的大快乐，把一个人的小发现，变成了一群人的大消费，这才是旅游消费的主流形式，甚至有些人是为了分享而旅游，有分享才有旅游，能分享才选择旅游。

在线旅游可以很好地解决旅游前、中、后的服务需求，能扩大服务型消费市场，创造巨大的就业机会，也提供了巨大的创业机会。举个很简单的例子，以前乡村的土特产农民只能收到原材料价格，要经过中间环节，比如收购、运输、包装、品牌营销和销售，才能到达市场，农民的收益很低。现在在乡村旅游的带动下，农民也可以利用互联网跟市场对接，土特产直接以市场价出售，甚至要高出市场价，因为它有生态附加值、文化附加值和体验附加值，对于农民来说，是不是好事儿？这是不言而喻的。

而且目前来看，互联网的发展潜能仍然无可限量，因为还存在很多空白，还能够给旅游提供更多的附加值。所以，毋庸置疑，我非常看好互联网时代的旅游发展。比如品牌传播，你是做媒体，研究品牌传播的，不用多说也知道互联网给品牌传播提供了多大的便利和价值。

孙小荣：现在我们来回顾下，我们前面主要围绕"515战略"一年来的落实效果，以及重点在"新业态"、"旅游＋"和"互联网＋"三大概念上进行了探讨。除了这些，您认为"515战略"的落地，在这一年来还有哪些显著成效？

白长虹：我就简单说说我认为特别突出的。首先是旅游外交和中国旅游的国际化。这方面的重大突破可以说是超过我预期的。分析其动因：第一个是经济效益，中国游客的巨大消费力；第二个是商务交流，中国旅游现在几乎是全世界无处不在地寻求合作领域和合作项目，"走出去"投资的潜力很大；第三个是首脑外交，习总书记亲自宣布 2016 年举办中美旅游年，包括跟韩国、印度等国家互办旅游年，举办首届世界旅游发展大会和 WTO 年会等，中国旅游不仅主动融入世界旅游大格局，遵循国际规则，还积极参与国际组织，主导全球旅游发展议程，作为主办方、引导者，争取世界旅游话语权，体现、表达中国的发展诉求，这具有划时代的意义，也给我们旅游人以自信和自豪。

其次是市场秩序、文明旅游的建设。这两个问题是旅游产业基础的问题，市场有秩序，游客讲文明，游客才能玩得尽心、开心、舒心，游客玩好了，旅游消费才能上去，产业才能更加稳健地发展。我们现在开始借鉴国际经验，比如设立旅游警察，比如建立游客不文明纪录等，这都是有国际先例的。日韩游客在 20 世纪八九十年代出国旅游，也出现很多不文明现象，很不受国际旅游目的地待见，但是他们通过教育、倡导和惩戒的方式，把坏形象扭转了过来。有些国家甚至出台有相关法律，一经发现经营者欺客宰客，调查情况属实之后，会彻底吊销经营者的营业执照，并罚终身不得从事此类行业。现在有些景区被警告，甚至被摘牌，这正是变革之痛。实话讲，我们都是不在其中不觉其痛，但站在全局看这就是进步的过程，作为一个引子，引起社会关注和大家的重视，才会对症下药，推动整体进步。

我说的这两个方面，可以说旅游外交和旅游国际化是高端，市场秩序和文明旅游是基础，今年以来都有大突破和好成绩，值得点赞。

孙小荣：您对"515战略"后两年的推进，有哪些建议？

白长虹：既然已经成效显著，那么，后两年更要不折不扣地推进，三年的事儿就要三年来实现，个别可以根据现实情况做一些微调，但整体要稳步推行。从实际来看，"515"前一个"5"是个中长期目标，三年过去恐怕还得接着干；中间一个"10"今年基本破得到位，行得扎实，但是有些只是开了个好头，成效初显，趁胜挺进很关键；后面一个"5"三年完成挑战性很大，举措太多，起步不一，有些可能会提前完成，比如"厕所革命"，习总书记批示后，各级党委政府抓得很紧，三年完成应该不成问题；有些是硬骨头，比如说市场秩序和文明旅游，不可能很快就解决所有问题。所以，我认为后两年，工作重点还得灵活调整，有些交给市场解决，有些需要强化政策，补充新内容、新举措。

另外，趁着在旅游外交和国际化方面的突破，应该积极总结旅游发展的"中国故事"、"中国经验"和"中国道路"，加强国际传播和营销。换句话说，"515战略"是管全局，大家一边探索，一边推进，但也要有道路认识、经验总结和人才队伍，这样才能在实践过程中，更科学、更理性、更有大局观。

因此，我认为"515战略"还需要强化理论研究、智库功能与协同创新。

朱竑

全域旅游要注重环境品质提升

访谈时间：2015 年 12 月 11 日

访谈地点：广州·华南师范大学

访谈人物：华南师范大学党委常委、副校长 朱竑

🎙 精彩观点

▶ 推出的"515战略"，可以说是既有破，也有立。实际上很多工作和努力，就是希望旅游业能够得到全社会更多的支持和重视，因为只有得到国家层面、全社会层面更多的支持和重视，旅游业才能为产业结构调整，为国民经济持续发展做出更大的贡献。

▶ 现在我们一边天天喊全域旅游，喊全城旅游，一边又死死抓住景区评级，抓住门票经济不放。而在欧美去旅游，我们90%的时间是花在城市，欧洲除了像迪士尼这样的主题公园外，很少有靠门票来实现旅游经济的。这就是生活常态化的旅游，也可以叫作全要素旅游，我认为全域旅游应该是这样的。那些以围绕景点开发而实现全域旅游本身就是个伪命题。

▶ 新阶段的全国新农村建设要全面铺开，最近学界也对住建部的乡村规划是否全面展开发生激烈的争论。这个时候旅游部门也得发声。现在全国城市已经千城一面了，再把全国乡村变成千村一面，那我们这个国家的文化就危险了。旅游的特色化、地方的差异化带给我们的美好体验也会荡然无存。

▶ 毫不夸张地说，中国人现在还不会旅游，中国人的旅游叫凑热闹，哪里人多往哪里跑，不知道慢下来细细品味文化，体验差异。那么，我认为要让我们的后代学会旅游，可以在幼教、小学、中学、大学的教育课程中，把旅游的一些基本概念、基本素养和相关知识融进课堂。这样文明旅游自然就成为一种融入深层观念的文化自觉和民族信仰。

▶ 现在很多景区管理、产业发展运营不畅等问题的根源之一，就是景区条块分割的管理权限，这种多头管理现在可以说严重制约着中国旅游的发展，森林公园归林业局管，文化遗址景点归文化局管，宗教景点归宗教局管，自然保护区归环保局管，农业观光归农业部管，古城古村落归住建部管，现在又出现水利旅游区归水利部门管等，这可不是一般的乱。

▶ 我们要把过去的"世界工厂"变为"购物天堂"，但最关键的一点是我们要降低关税。现在为什么那么多的中国游客跑去海外购物，甚至组团去日本抢购马桶盖，其实这些马桶盖就产自中国，就是因为我们的关税太高了，导致商品的市场价过高。把本来应该在家门口完成的购买行为推向国外。怎么才能刺激国民消费，拉动内需？让国民在国内花钱消费，就叫刺激消费，拉动内需。我们现在由于关税过高，是刺激消费，拉动外需。

孙小荣：我们这是初次见面，虽然之前没有接触过，但看过您的有关文章所提出的一些观点非常务实。所以，我专程从北京赶到广州来拜访您，希望您对"515"战略背景下这一年中国旅游的发展做一些深度的解读和透析。

朱　竑：我的学科背景是地理学，1996年开始参与旅游规划实践及旅游研究工作，最近五六年兴趣多集中于文化旅游方面。就是从文化的角度来研究旅游。实话说，我对旅游宏观政策层面关注不多，今年国家旅游局推出的"515战略"，在社会、业界和媒体层面的舆论氛围比较高，这让我不关注都不行。所以，特别大的层面，我可能看得不够深，谈得不够透，但你不远千里辛苦赶来，我就尽我所能谈谈自己的不成熟的看法。

对于"515战略"，我们先简单梳理下。我认为有两个层面的意义：第一个是它体现了新阶段国家旅游局工作的着眼点。包括"厕所革命"、旅游市场整治、文明旅游等，可以说都是旅游行业最基础的问题，但也是这些年来一直遭人诟病，影响着中国旅游深度发展的问题。

第二个层面是谋划中国旅游未来发展大局。包括今年在旅游外交领域的突破，筹办2016年首届世界旅游发展大会、世界旅游组织年会、举办中美旅游年等，这是旅游从后台走到前台的一个重要标志。包括旅游扶贫对于农村复兴、推动城乡均衡发展等，都是旅游业怎样在国家经济发展中寻求自我定位的战略问题。

我们都知道旅游是第三产业的支柱行业之一，它的综合渗透和拉动力很强，但是之前一直没有很好地破局，还是局限于就旅游谈旅游的层面，没有跳出旅游的小圈子。在李金早局长上任以后，推出的"515战略"，可以说是既有破，也有立。实际上很多工作和努力，就是希望旅游业能够得到全社会更多的支持和重视，因为只有得到国家层面、全社会层面更多的支持和重视，旅游业才能为产业结构调整，为国民经济持续发展做出更大的贡献。

孙小荣： 这是不是也意味着，中国旅游发展到今天，必须出现这样一套体系化的战略来推动改革和发展？

朱　竑： 这里面有必然，也有偶然。必然就是旅游行业、旅游产业要适应当下的市场规律和趋势，需要从大处着眼，从小处着手，通过一个大战略从内部达成共识，从外部凝聚力量，进行有序的改革和发展。那么偶然是什么？就是国家旅游局新一届领导的执政和发展理念，尤其强劲的执行力。所以，李金早局长上任以来，通过一系列的系统谋略，可以说让整个中国旅游的氛围发生了本质的转变。

另外，我认为还有这样儿个问题：第一个是1978年改革开放以来，我们的旅游业发展很多时候是政府在主导推动，比如建A级景点，建星级酒店，打造旅游目的地，这个成效也是非常显著的。但是，如果我们从全世界去看，我们跟世界上著名的旅游目的地相比差别还是蛮大的，比如法国、美国、澳大利亚、新西兰等，你会发现他们其实是把自己的家园、把整座城市、把所有人的生活环境都打造成了旅游空间和场所。旅游不仅是给外来游客做的，更是为本地人所进行的美丽家园建设行为。

第二个是我们也会发现，在全球旅游发展最好的一些国家，旅游局所做的事情，我认为就是两项内容，一个是旅游形象的营销，一个是旅游市场的服务规范。当然，这个是在市场成熟、经费充足、信息技术的强力支持下进行的。还有一些国家的旅游管理部门，其实是设在人力资源部门下面，他们是从解决就业的角度去发展旅游业。

那么，当我们回过头来看中国旅游的发展，虽然已经取得了巨大的成就，但是就旅游业自身发展的成熟度而言，跟国际旅游发达国家还存在差距，不管是它的发展模式，还是管理模式，以及销售模式等，都需要进一步开放，进一步市场化。

孙小荣：如何进一步开放，又如何进一步市场化？

朱　竑：比方说旅游产业的综合改革，我们要考虑做加法和做减法的组合。原来工作做得不好的地方，要不断地加强，比方说对旅游人才培养的重视，我们现在还没有旅游学会，但是在发达国家有，它是成体系地在培育旅游人才，而且非常有特色。比方说，在国家学位办层面旅游管理学还不是一级学科等，这些都会影响到国家旅游产业的发展。

尽管现在尽管全国旅游院校学生的人数是上来了，但横向比还是有差距，这个就需要做加法。今年国家旅游局也推出了旅游英才培训计划等举措，我认为这就是很好的加法。

再比如说旅游的信息化建设，我们整个旅游服务信息化系统还不完善，这个国家旅游局需要协同经济委等相关部门共同来做，一定要打破行业界限，真正把所有可以集中发力的部门，所有的产品，所有的目的地，所有的城市都贯通在一个系统中。

今年感觉好像原来弱势的旅游部门，突然强势了，什么都管，什么都做，也有观点认为旅游部门的权不够。其实，我觉得没必要。这个时候就需要做减法。比如，把景区评级、酒店评级、市场监管等这些工作，完全可以交给旅游行业协会去做，旅游局没必要管这些事情。全世界旅游行业的这些问题都是旅游协会在做，甚至是一些行业联盟在做。所以，根据新的形势，需要给中国旅游协会等行业协会赋权，让其发挥更大的作用。

从完全市场化的角度来考量，我认为景区评级、酒店评级都完全没必要。就拿酒店来说，现在大家更喜欢选择主题酒店、特色民宿。产品好，体验好，游客自然会自主选择。

还有景区评级，现在我们一边天天喊全域旅游，喊全城旅游，一边又死死抓住景区评级，抓住门票经济不放。而在欧美去旅游，我们90%的时间是花在城市，欧洲除了像迪士尼这样的主题公园外，很少有靠门票来实现旅游经济的，伦敦的海德公园，本身就是一个开放的城市公共空间。每一个到访的游人都会去光顾。

现在像大连这样的城市，游客去了以后进不进景区已经不重要，他在城市也可以充分体验到美好的感受。这就是生活常态化的旅游，也可以叫作全要素旅游，我认为全域旅游应该是这样的。那些以围绕景点开发而实现全域旅游本身就是个伪命题。

经过这些年的发展，我们社会主义特色的市场经济已经逐步成熟，随着全球经济一体化趋势的加剧，相关的融合工作还会不断地改进，旅游部门在自己的角色扮演和职能定位上，可以进一步明细，只有这样我们才能够让工作做得更加有效和针对性。

习总书记也说，旅游是综合性产业，并不是要所有部门都去管旅游，显然这是不可能的。所以，该政府管的，政府一定要管好，该发挥市场作用去调节的就让它回归市场。随着 GDP 不再是考核地方领导政绩的唯一指标，特别是"创新、协调、绿色、开放、共享"五大发展理念的提出，我相信政府各部门整体职能也会发生改变，有些地方领导会静下心来做一些实实在在能够让老百姓感受到幸福的事情。

孙小荣：您认为这一年来，旅游界还有哪些比较大的突破或者亮点？

朱　竑：一个是我们听到了旅游界的呐喊声。我认为这点特别好，以前旅游的声音弱了点，新一届的国家旅游局领导层执政以来，可以说是在各个领域都全面铺开，旅游部门有了主动参与、主动发声的这样一种态势。旅游界也敢于和其他部门不合理的发展公开叫板，我认为这是一件非常有尊严的事情。

比方说新阶段的全国新农村建设要全面铺开，最近学界也对住建部的乡村规划是否全面展开发生激烈的争论。这个时候旅游部门也得发声。现在全国城市已经千城一面了，再把全国乡村变成千村一面，那我们这个国家的文化就危险了。旅游的特色化、地方的差异化带给我们的美好体验也会荡然无存。那么，我们的乡村旅游、旅游扶贫工程的推进，是否可以更好地为保护乡村的生态性、多元性和差异性多做贡献？

另外一个，我认为抓文明旅游非常好。这不仅仅是说国家形象面子的问题，从根本上讲，这是国民文明素养的问题。国民的旅游教育一直是我们的缺失，到现在其实我们还没有真正认识到问题的关键。我们现在更多地关注的是旅游过程中发生不文明的现象怎么办的问题，还没有考虑环境教育和旅游教育应该从孩子抓起。

半个月前，我有幸去澳大利亚培训，学习环境保护知识。澳大利亚就从幼儿园就开始抓环境教育，并以旅游寓教于乐的教育方式，通过立法，把环境教育融入各年龄段的课程里去，通过户外旅游的场景化进行环境教育。这个让我感觉特别震撼，深有触动。

毫不夸张地说，中国人现在还不会旅游，中国人的旅游叫凑热闹，哪里人多往哪里跑，不知道慢下来细细品味文化，体验差异。那么，我认为要让我们的后代学会旅游，可以在幼教、小学、中学、大学的教育课程中，把旅游的一些基本概念、基本素养和相关知识融进课堂。这样文明旅游自然就成为一种融入深层观念的文化自觉和民族信仰。

今年推出的"不文明行为黑名单纪录"，其实是旅游诚信体系的建设，我认为非常好。但是，这种强制性的办法，注重的还是事发后的惩治，没有注重事前的警醒。旅游诚信体系的建设发挥的是警醒作用，但真正解决问题的是前期持久的教育。旅游教育是影响未来的一个工作，我认为国家旅游局有必要把这个工作提上日程，跟教育部门合作，来推进旅游教育进课堂。

此外，我认为"厕所革命"还是很重要的，原来我们把"厕所革命"的注意力集中在够不够，臭不臭，干不干净方面。现在我们要求更加人性化，最起码基本的服务得有保障。就说手纸这事儿，即便是国内前十名城市的5A级景区，很多公共场合都搞不定一卷手纸，这个太令人费解了。所以我认为这次旅游"厕所革命"，表面看是一个解决卫生和软服务的问题，实质是一个旅游文化、旅游文明跟国际接轨的问题。

孙小荣：您认为在下一阶段，或者说在"十三五"期间，还有哪些方面需要去强化突破？

朱　竑：首先是国家公园体系的建设。我们现在很多景区管理、产业发展运营不畅等问题的根源之一，就是景区条块分割的管理权限，这种多头管理现在可以说严重制约着中国旅游的发展，森林公园归林业局管，文化遗址景点归文化局管，宗教景点归宗教局管，自然保护区归环保局管，农业观光归农业部管，古城古村落归住建部管，现在又出现水利旅游区归水利部门管等，这可不是一般的乱。

世界上国家公园制度建设已经历了100多年的发展，现在已经非常成熟，它可以跨行政界线、跨管理部门，一下子就捅到底，让旅游区的管理体系更加顺畅，让游客的体验更加便利。现在就需要通过协调各部门，通过区域试点，来构建国家公园体系，打造一批国家公园。我认为这也是中国真正实现旅游强国的一项重大举措。

关键还是要打破利益格局，部门利益已经成为我们很多事业发展的主要阻力，所以我认为改革就是要突破这种限制，进行利益的重新分配或合理分配，部门利益要服务于大局利益。

其次是高端休闲度假区的打造。现在中国发展度假旅游条件已经成熟了，但是国内休闲度假的产品还不够成熟，跟国际水平完全接轨的休闲度假产品其实还没有完全出现。尽管像三亚这样的城市，旅游的高端度假产品的硬件足以和世界最高水平看齐，但是在城市的综合服务配套，服务的软件水平等方面还是有差异。海南岛的目标是国际旅游岛，但目前还只是国际酒店岛，尚没有成为国际旅游岛，关键是与之配套的旅游产品体系还没有建构起来。

看一看美国佛罗里达的旅游发展，我们就能知道差距有多大。不仅在奥兰多布局了十几个迪士尼系列的主题公园产品以吸引来自全世界的游客。同时，遍布国际大道两侧的星罗棋布的Factory Outlets（奥特莱斯，即厂家折扣店）更是通过名牌产品的直销，让游人流连忘返。

孙小荣：我们的酒店更多地还是强调住的功能，是一个完全封闭的小空间，不是一个自由、开放的休闲度假的大空间，这个大空间不是狭义上的空间大，而是它的功能性、体验性、舒适度，怎么样跟环境自然结合、自然融入的关系。

朱　竑：对，人们天天憋在酒店睡觉，那不叫休闲度假。真正的休闲度假，即便是在酒店，也能充分地、全方位地去体验所在地的乡土文化，它还有其他多元的文化产品，我从房间穿着睡衣和拖鞋，就可以从步入沙滩，亲近自然。所以，我们的产品支撑、服务支撑，甚至环境支撑都没有达到。

大家都说浙江的莫干山休闲度假产品做得好，尤其是民宿做得好，但是我们去认真分析，还多是停留在度假旅游层面，算不上真正的休闲度假产品。真正的休闲度假产品是什么？它必须融入健康型的、养生型等这些产品元素和理念。当然还包括会度假的消费群体，如果大家聚在一起昏天黑地地打麻将或打双扣，估计离度假休闲差之千里。

再次，要把"世界工厂"变成"购物天堂"。过去我们是"世界工厂"，现在制造业在下滑，但是旅游业在上升，旅游一方面能带动消费、投资和出口，一方面，由于户外或者特种旅游的兴起，旅游装备制造业会迅速发展，这是弥补制造业不景气的巨大市场需求。另一方面，我们要满足世界游客的购物需求，全世界好多旅游商品既然都是在中国代加工，那么我们就有非常便利的基础条件和市场条件。我们还有非常多的文化手工艺、民间工艺，尤其是非物质文化遗产没有完全开发，或者在创意、包装和品牌打造层面，做得远远不够，这都是资源存量和市场增量。

我们要把过去的"世界工厂"变为"购物天堂"，但最关键的一点是我们要降低关税。现在为什么那么多的中国游客跑去海外购物，甚至组团去日本抢购马桶盖，其实这些马桶盖就产自中国，就是因为我们的关税太高了，导致商品的市场价过高。把本来应该在家门口完成的购买行为推向国外。怎么才能刺激国民消费，拉动内需？让国民在国内花钱消费，就叫刺激消费，拉动内需。我们现在由于关税过高，是刺激消费，拉动外需。

所以，我认为在这个层面，我们一定要算清出经济账，进行相关的关税改革，刺激国内旅游消费。这样才能把中国从"世界工厂"变为"购物天堂"，也只有这样，才能吸引更多的入境游客。

最后，旅游营销要有国际思维。前面我说了，世界发达国家的旅游部门，最主要的职能之一就是搞旅游营销。我们现在说要从旅游资源大国转向建设旅游经济强国，除了做好产品基础、服务基础和市场基础，最重要的就是在国际上要有强势的旅游营销。

在营销层面，我们过往是有些误区。我举两个例子。一个是 2011 年国家花钱制作了一个国家形象宣传片在纽约时代广场投放。应该说产生了很好的效果，但是所选的 60 个中国代表性人物，大多对一般的美国人来说完全陌生，所以效果也就大打折扣。因此，我们的宣传应该要有国际视野，而不能完全从自己的理解去做。

第二，2010 年，我们做过一个研究，就是把美国《时代》杂志一个多世纪以来所有的中国封面故事找出来，大概有 84 幅中国故事，我们进行了系统的梳理和分析，发现他们已经从开始只关注中国政治人物，越来越转向关注体育明星、娱乐明星，甚至草根明星。说明在他们的认知中，如成龙、周润发、姚明等文体明星代表着新的中国形象。所以，我们认为相关的旅游宣传就应该从这里出发，去激发西方的旅游市场。

还有一个例子，我们现在出国去搞旅游营销，都是由各地方政府牵头，然后各个地级市、各主要景区再分别去摆摊宣传，其实能够效果上看成效不大。你让一个没来过中国的法国人或者一个美国人搞清楚兰州、郑州、常州、梧州，那几乎是不可能的。

2005 年我去澳大利亚格里菲思大学访问，很多教授一见面就问你从哪里来？我还说很骄傲地说从广州来，结果他马上问广州在哪里？是不是在上海边上？我当时很吃惊，我想一个搞旅游的大学教授竟然都不知道广州？那可想而知他对中国其他城市的了解也不可能那么具象。

孙小荣：那反过来说，正是因为他们不了解，我们才更需要去多推广一些重点旅游城市？

朱　竑：这个逻辑看似成立，其实不然。我们现在的海外推广太过行政化，就是以行政区划为单位做海外推广。再举个例子，山东这几年一直在推"好客山东"，也在纽约时代广场投过广告。但实事是，你山东省再怎么推广山东，对于海外游客而言，他们还是只知道青岛，其次烟台、威海、济南，他们不知道山东。很显然，我现在问你，旧金山、迈阿密、亚特兰大、西雅图这些城市你都知道，但是我再问你，它们分别位于美国哪几个州，你说得上来吗？说不上来是吧，道理是一样的。

所以，即便中国已经成为全球第二大经济体，但全世界对中国的了解还是非常有限的，所以说，在搞营销的时候，你不能一下子把它落脚落得太细，搞得太复杂，这样是花钱出不了好效果的。

对于海外营销，我认为一个是要按照客源地的套路来，用人家可以接受的方式去宣传。在推广元素的选择和展示上，不要贪大求全，不要频繁去调整去换，品牌传播是长期强化、积淀的结果。

第二个是多推产品和线路，可以打破行政区划，去做一些代表中国最优质旅游产品的线路，比如三峡、长城、丝路、黄河等旅游线路。

第三是宣传手段更人性化一些，比如如果我们如果请彭妈妈为中国旅游代言，做中国旅游形象大使，那效果就会非常好。请国家领导人或领导人夫人做旅游形象代言，是有国际先例的，如韩国、日本。所以，我们希望以后的中国旅游，有一天有实力能够让李克强总理像推销中国高铁一样来推销，那我们离世界旅游强国的地位就不远了。

王昆欣

全域旅游的自信和底气

访谈时间：2016 年 4 月 4 日

访谈地点：杭州·浙江旅游职业学院

访谈人物：浙江旅游职业学院党委书记 王昆欣

精彩观点

▶ 文化自觉是什么？我认为就是人人都有知耻心，人人都有敬畏心，人人都有尊重心。只有全民的文化素养、文明素质整体提高，文明旅游的环境自然就形成了，因为大家都知道不文明的行为是羞耻的，就会自觉、自制不文明行为的发生。

▶ 只有当旅游成为主导当地区域经济发展时，这个区域才能有底气说是全域旅游，像马尔代夫、泰国、夏威夷等，其他产业没有，或者非常薄弱，所以，完全是围绕旅游来谋发展。全域旅游绝对没有通行的某种模式，否则全域旅游就是为了全域而全域。世界上没有完全相同的两片叶子，世界上也绝不会有完全相同的两个区域。

▶ 国家旅游形象不是说让国际游客记住中国的几个景点，而是让游客认知到中国旅游是安全的、古老的、文明的、时尚的、有趣的、好玩的、热情好客的，要把这些印象灌输给国际游客。我认为在国家旅游形象推广上，我们还是太过严肃，不够开放、活泼、好玩，人家韩国在这点上做得很出色，就是一种娱乐化的推广，能够很快深入人心。

▶ 我反对什么"小题大做，无中生有"这样的说法，这个是对我们旅游业是一种贬低。我们从来不会听到美国人说我这个迪士尼是"无中生有"，它确实以前是没有的，但不能说是"无中生有"，它就是个植根于本土文化基因的旅游创意产品。我们也从来没听法国人说我这个埃菲尔铁塔是"小题大做"，它就是一种创新创意，这个创意代表着当地的文化基因和创新精神。

▶ 现在我们倡导"万众创新，大众创业"，我认为这是很好的一种危机意识。迪士尼已经进入上海、香港，世界级大牌酒店集团都已经入驻中国，假如我们自己不创新，那我们某个细分领域的市场就可能是美国人、法国人、日本人的市场。

▶ 当我们说到服务业的时候，我们一定会想到瑞士的服务、日本的服务，那么能不能有中国的服务？旅游业作为服务业的龙头产业，我们旅游院校应该义不容辞地去承担"打造中国服务品牌的人才摇篮"这个时代使命。

孙小荣：2015 年全国旅游工作会议召开时，国家旅游局请了七位旅游专家参会，当时我还在凤凰网，我在会议期间采访了魏小安、戴斌、白长虹、石培华、保继刚、韩玉灵等六位老师，您是唯一一个拒绝我采访的专家，所以，我一直惦记着您，今天我们终于见面了。

王昆欣：有这回事啊？我都不记得了。

孙小荣：您当时说身体不好，嗓子不舒服。

王昆欣：那我得向你说声抱歉了！可能当时身体的确不舒服。

孙小荣：这样也好，让我有机会亲身体验全国唯一一个 4A 级景区旅游类院校——浙江旅院的风采，尤其是刚才跟您参观了智慧旅游体验中心、浙江旅游博物馆后，非常震撼。就说这智慧旅游，这几年来大家都在说，各地都在建设，但我终究没有系统地看到一个全程、全息的这种体系建设。浙江旅游博物馆，我想应该也是全国唯一的，让我们能够见证中国旅游发展历程，是可以留存于世的工程，我在其他地方没见过，所以开了眼界，受益匪浅。

王昆欣：由于时间关系，你只看了一部分。

孙小荣：以后有时间我再来参观、学习，现在先听您说。2015 年全国旅游工作会议提出"515 战略"，我那个时候采访参会专家和旅游局长，所谈内容还是对这个战略的直观感受，当时还只是停留在概念或理念的讨论层面。现在一年多过去了，我们再来看"515 战略"

的执行过程及取得的成果，我认为更有实践意义和事实依据支撑。所以，我们这次访谈，您得把上次欠我的访谈补回来。

王昆欣：好好好，这个有意思，我尽力而为。首先我认为"515战略"是个系统性和全局性很强的大文章和大战略。中国旅游业发展到今天，我们确实要研究旅游业作为世界第一大产业怎样更好地发展，国家旅游局这届领导班子这一点做得很好，既有战略层面的思考，也有战术层面的决策。比如厕所革命，它对提升整个城市和区域的公共服务，改变人们的卫生观念，推动整个社会的文明程度，都会产生积极的作用，这是从厕所革命的意义层面讲。从厕所革命的持续推进层面来看，是从一件件小事抓起，我认为可以概括为"三个小"：

一是从小地方抓起，发达地区、大城市的旅游厕所已经建设得很好，基本没什么问题，现在要重点关注的是老弱边穷地区、少数民族地区的旅游厕所建设，最终达到全国全域的整体改善。二是从小孩子抓起，要让我们的后代从小就养成文明如厕，自觉维护公共设施的习惯意识，厕所问题建设是一方面，日常的维护更重要，这个环节需要管理方和使用方共同来维护。去年我们浙江旅游学院也通过举办"厕所革命"系列活动和宣传，从院校教育抓起来，让学生养成一种意识习惯，我认为这个非常有意义。三是要从小事情抓起，"厕所革命"其实更多的是小节细节问题，比如说文明如厕、清洁维护、日常管理等。硬件要硬，软件也要硬，而软件的核心就是从小环节、小细节、小习惯抓起，我认为只有这样，厕所革命才是可持续的。

孙小荣：硬件建设容易，软件管理有难度。关键还是倡导一种氛围，让全民来认真对待旅游厕所这件事情。建设方面需要政府或旅游景区、企业投入，但管理层面更多地需要一种公民意识，就是全民共同管理。

王昆欣：全民管理，你这个提法很好，这是一种理念，一种文明普及教育。又比如说文明旅游，它不完全是旅游管理部门来做这个事情，它跟整个社会的文明程度有关系，那么就必须依赖于全民文明意识的养成，它是一种文化自觉。文化自觉是什么？我认为就是人人都有知耻心，人人都有敬畏心，人人都有尊重心。只有全民的文化素养、文明素质整体提高，文明旅游的环境自然就形成了，因为大家都知道不文明的行为是羞耻的，就会自觉、自制不文明行为的发生。所以，我特别欣赏国家旅游局在今年的全国旅游工作会议上表彰了1000多名"中国好游客"，1000多名"中国好导游"，实际上就是倡导游客和导游双方共同来推进文明旅游的发展。文明旅游的主体是游客，真正提高文明旅游素质也在游客。我们为什么建旅游博物馆？目的就是普及旅游的科普知识，倡导旅游"行万里路，读万卷书"这种知行合一的生活方式，倡导人们与世界，与自然，与地球，与不同文化、不同人群的友好交流中，达到增长知识、陶冶情操、休闲放松的良性循环。这是我们做博物馆的初衷和理念。

孙小荣：文明旅游跟整个社会的文明程度有关，全域旅游跟整个区域旅游资源状况和整体发展程度相关。"全域旅游"是今年旅游界的热词，我现在走到哪里，都会被问到这个问题。今天还在微信看到一篇文章，说是据考证张家界是"全域旅游"的发源地，还把1993年、1995年当地政府的红头文件拿出来佐证。有网友就评论，你既然都搞了20多年全域旅游了，怎么现在还是各个景区景点各自为政收门票？有些旅游专家也到处宣传，自己在哪一年哪一篇文章中提出了"全域旅游"的概念。我认为讨论"全域旅游"的出处毫无意义，全域旅游作为一种发展理念，它是动态的，无止境的，所谓"全域旅游样板"都是非常荒谬的，这就像我们说人要"全能发展"，究竟什么才是"全能"，没有任何一个人能够达到实际的全能，只能说某几个方面有特长能力、综合能力。也就是说，全能是一种自我要求和期望，但绝不能拿全能来考量人生。同理，全域是一种发展驱动，但绝不能为了全域而全域。

王昆欣：我们对全域的认识需要一个过程。我想，全域旅游这个概念首先是对旅游目的地来讲，主要是倡导旅游目的地要全方位地、多层面地开展旅游活动，在这个过程中，就需要旅游产品的多样性供给，而不仅仅是局限于观光景点景区。第二个层面，就是要求原住民和从业人员具备一种开放、共享、服务的精神和行动，能够与游客形成一种密切的互动交流，让游客能够更好地融入当地人的生活，体验一种具有差异性的生活状态。第三个是空间层面，就是把整个区域打造成符合旅游的一种空间和场所，比如法国巴黎，整座城市就是一个景区，游客进入以后会有多感官、多方位、多层级的体验，但巴黎市不说我是全域旅游，实际上它就是全域旅游的全球典范。第四个层面，就是多元的产品体系，同时满足观光、休闲、度假，满足各种类型的群体，当地的风味菜肴、特色商品等都能形成产品体系。第五个层面，是产业融合，就是旅游业跟一产、二产、三产，跟工业、农业、金融业、交通业等密切融合，在整个区域的发展中，旅游不是被单独地割裂开来，而是与其他产业和发展要素达到相互融入、彼此增值这样一种耦合关系。第六个层面，是旅游服务，要有更便捷，更人性化的服务，比如像你今天在我们智慧旅游体验中心看到的，通过互联网、物联网技术手段，完全实现区域旅游服务的智能化，这样也可以节省旅游目的地管理运营成本。

所以，发展全域旅游，要跳出旅游看旅游，跳出景点看旅游，游客进入一个区域之后，能够从整体而不是局部感受到差异化体验，差异化的新奇特，处处是产品，步步是景点，真正能够方便游客，满足游客的各种需求。还有一个就是旅游主导区域发展的问题，只有当旅游成为主导当地区域经济发展时，这个区域才能有底气说是全域旅游，像马尔代夫、泰国、夏威夷等，其他产业没有，或者非常薄弱，所以，完全是围绕旅游来谋发展。

孙小荣：现在各个地方关心的是，全域旅游究竟怎么做？

王昆欣：至于全域旅游到底怎么做，我觉得全国讲得最好的还是李金早局长，他把全域旅游是什么，为什么，怎么干都讲得很清楚了，我现在也在学习阶段。我理解的是全域旅游不是一个概念，它更多的是一种行动，这个行动究竟怎样才能见实效，正如你前面所说，它是个不断摸索、探索的过程，没有定式，而且每个地方的差异性，导致不同的区域应该有自己独特的发展全域旅游的路径和手段。也就是说，全域旅游绝对没有通行的某种模式，否则全域旅游就是为了全域而全域。世界上没有完全相同的两片叶子，世界上也绝不会有完全相同的两个区域。

孙小荣：您认为大众旅游时代，中国旅游在哪些方面需要重点突破？

王昆欣：在2016年全国旅游工作会议报告中，李金早局长提出了"八大转变"，我认为概括得很全面，这八大转变也是当下中国旅游存在的八个亟待解决的矛盾，解决好这些矛盾，扭转这八大转变，中国旅游业就会上一个新台阶。

我认为核心还是市场，**首先是构建良性的市场秩序和环境。**要发挥市场的优化配置作用，重点创新一些能够满足市场需求的新业态、新产品、新服务，来推动旅游的提质增效。

第二个是国家旅游形象的推广。要加大国际市场的推广营销力度，去年的几件旅游外交的事做得很漂亮，今年首届世界旅游发展大会在中国召开，我们是主场，这是推广中国国家旅游形象的重大机遇。国家旅游形象不是说让国际游客记住中国的几个景点，而是让游客认知到中国旅游是安全的、古老的、文明的、时尚的、有趣的、好玩的、热情好客的，要把这些印象灌输给国际游客。我认为在国家旅游形象推广上，我们还是太过严肃，不够开放、活泼、好玩，人家韩国在这点上做得很出色，就是一种娱乐化的推广，能够很快深入人心。

第三个是要关注旅游产品的创新。旅游业发展需要大投入，今天你看了我们学校，如果没有大量的投入，我们做不成博物馆，学校可以不做博物馆，也可以不做智慧旅游体验中心，也没有人让你做4A景区。那为什么要这么做？因为在旅游人才培养的过程中，我们要让学生看到旅游业发展对整个社会的进步做出的积极贡献，我们要呈现一种精神价值，让学生有一种职业自豪感和自信心，这样会给他们的学习带来动力。

孙小荣：同时实现实验性、场景化的教学，真正达到学以致用。

王昆欣：对，你看我们有调酒实验室、有烹饪实验室，调酒实验室中收藏的红酒，很多都是价格不菲，但是，我们拿出来让学生做调酒实验。其实还有很多这样的实验室，比如酒店服务实验室、茶艺实验室、旅游商品研发实验室等，很遗憾你今天没有看到，这里面都有大量的资金投入。再比如说西溪湿地，杭州市政府在修复、改造过程中投入了巨额资金，表面上看好像花了钱，但实质上它改变了整个杭州的生态环境，保障了生态自我净化的功能和生物的多样性，它可以把整个杭州的生态系统调整好，改善杭州市民的生活环境。另外，旅游投资对拉动内需也有巨大好处。

第四个要关注的就是创新创意。旅游业就是一个特别适合于创新创意的领域，它天生具有创新创意的属性和潜质。比如说迪士尼乐园是从一部动画片开始，发展成主题公园，再研发出系列文化产品，核心就是创新。没有创新创意旅游业是不会发展的。但我反对什么"小题大做，无中生有"这样的说法，这个是对我们旅游业是一种贬低。我们从来不会听到美国人说我这个迪士尼是"无中生有"，它确实以前是没有的，但不能说是"无中生有"，它就是个植根于本土文化基因的旅游创意产品。我们也从来没听法国人说我这个埃菲尔铁塔是"小题大做"，它就是一种创新创意，这个创意代表着当地的文化基因和创新精神。现在我们倡导"万众创新，大众创业"，我认为这是很好的一种危机意识。迪士尼已经进入上海、香港，世界级大牌酒店集团都已经入驻中国，假如我们自己不创新，那我们某个细分领域的市场就可能是美国人、法国人、日本人的市场。

孙小荣：游客可不关心你是哪个国家的品牌，只要感觉值得体验，就肯花钱消费。这点从中国游客出境狂扫奢侈品就能得到证明。

王昆欣：没错，所以，我们要有这种危机感和紧迫感。但仅有危机感和紧迫感不能解决问题，创意创新还是有赖于科技和人才，这是我想说的第五个层面。

旅游业发展离不开科技，更离不开人才，可以说科技和人才是旅游业的核心竞争力，智慧旅游完全依赖科学技术，以互联网和移动互联网为代表的科技创新让智慧旅游变为现实，把旅游全程的各个环节、场所和服务，全部集成于一体，实现智慧管理，比如景区最大容量的监控和预警，再比如定位系统在紧急救援方面发挥的作用，这些问题如果没有科技是不能解决的。

不管是把科技运用到旅游经营管理，还是科技本身的创新，都需要优秀人才。改革开放初，我们创立了一大批旅游院校来培养人才，如果没有北二外，没有上海旅专、桂林旅专、浙江旅院等这些院校源源不断地输出专业人才，我们旅游业不可能有今天的繁荣，理论体系也不会这样完善。但是，旅游业的蓬勃发展，使得旅游人才供不应求，人才还是目前中国旅游发展的一个短板。

孙小荣："515战略"中提出"万名英才培育计划"，国家旅游局拿出数千万的资金来鼓励在校旅游专业的大学生搞产学研创新，这是一件关乎中国旅游未来发展的决策和举措。

王昆欣：作为旅游职业教育工作者，我尤其对这个"万名英才计划"竖大拇指、点赞。

所以，我们浙江旅游职业学院"十三五"发展规划的目标是，要真正成为世界级的旅游职业教育的平台，这是第一个目标，打造"旅游职业教育的中国品牌"。

第二个目标是要成为"中国服务的人才摇篮"。当我们说到服务业的时候，我们一定会想到瑞士的服务、日本的服务，那么能不能有中国的服务？旅游业作为服务业的龙头产业，我们旅游院校应该义不容辞地去承担"打造中国服务品牌的人才摇篮"这个时代使命。

所以，中国旅游的蓬勃发展，是我们实现这两大目标最强劲的动力，最坚强的后盾！

周玲强

全域旅游的"杭州经验"

访谈时间：2016 年 4 月 1 日
访谈地点：杭州·浙江大学智慧旅游研究中心
访谈人物：浙江大学旅游学院院长 周玲强

🎙 精彩观点

▶ 我们很多城市张口就喊国际化，但是如果你旅游厕所连一卷手纸都不能解决，你又怎么好意思谈国际化？

▶ 过去的观光模式是目的地导向，现在体验模式是过程导向，现在流行一句话说是"到哪里不重要，沿途的风景和跟谁在一起很重要"，这说明了人们旅游方式和诉求的一种改变。

▶ 度假不是属于那种远距离的，跨区域的，因为远距离去度假是很累的事情，度假一般来说是都是就近的，而且是多频次的，具有游客忠诚度的特征。这就要求度假目的地要打造一个非常良好的环境，空气质量好，景观质量好，配套设施全，社会服务好，包括本地人的好客度也要好，所有的服务水准都在一个很高的层次上。

▶ 我现在也有种担忧，再过个三五年，如果旅游搞不起来，或者说回报不理想，这些地方发展旅游的积极性就会受到严重挫伤。这倒是其次，重要的是由于旅游对当地核心的历史人文资源和自然生态资源的依赖性，那么一旦市场起不来，产业起不来，投资收不回来，也就意味着之前大兴大建的项目对这个地方的文化生态和自然生态造成了破坏，同时大拆大建也会导致当地各种资源的浪费。

▶ "胡庆余堂""方回春堂""天禄堂"等百年老字号中医药文化，老外感到古老而神奇，店铺里那么高大的一面墙上装很多小抽屉，打开一个小抽屉，从里面抓一点花花草草出来，说能够治百病。一根银针扎入肌肤，立马神清气爽，所以老外感到特别神奇。

▶ 杭州西湖大概有 71 个旅游景点，73% 的景点都实现免门票，平时这座城市属于杭州市民，节假日、黄金周外来游客大量进入，这座城市又属于游客。我们算过，大概是免掉 1 块钱的门票，能带动 7 块钱的综合消费，这个拉动效应是非常明显的。

孙小荣：我做这个系列访谈的目的，就是想摆脱那些非常严肃和宏大的官方叙事，以访谈这样的口述方式，从不同人物的个人认知和经验出发，来透视以"515战略"为核心带动的当下中国旅游产业发展的状况。这里面既有地方旅游官员的视角，也有业界专家的视角，我是想做一些解构，呈现一种比较立体化的个人叙事。很高兴借这次来杭州的机会跟您有这样一次访谈。正值清明假期，而且又让您等这么晚（4月1日22:30），我们相约在西湖之畔掌灯夜谈，我觉得这是非常诗意的一件事情。

周玲强：你这个理念和表述方式的确很有意思，我也一直有关注，可以说是从大处着眼，从小处着手，找到了一种比较有趣，又不乏深度的表现方式。其实我认为不管是做旅游，还是做其他事情，都是这样的，就是要从大处着眼，从小处着手。"515战略"也具备这样的特征。最近，我经常看到微信群和朋友圈里，有人吐槽拉动我国经济的传统"三驾马车"不给力，旅游业能够挑大梁，成为促进发展的重要杠杆。"515战略"刚好出现在这个转折点或舆论氛围背景中，让旅游回归到发挥对国民经济事业发展综合拉动作用上来，我们说增加幸福指数，促进社会和谐和产业结构调整，这些都是比较宏观的叙述，这就是从大处着眼。但是具体做起来，就得从微观细节入手，比如抓旅游厕所，就像杭州这样旅游发展比较早的城市，20多年前在市区上个厕所也是要收费的，一毛两毛，虽然不太贵，但毕竟是一道坎，尤其是外宾有时候没有零钱，就会被拦住，不让人家上厕所。我记得当时这个情况媒体还有过报道，标题就是"一座旅游城市不差一毛钱"，这些细节导致中国旅游的国际声誉特别不好。

孙小荣：现在游客普遍反映的是很多旅游厕所修建得很好，打理得也整洁干净，可就是不提供免费手纸。

周玲强：20年前是收一毛两毛如厕费，现在不收费了，但是不提供手纸，这是旅游公共服务发展中存在的阶段性问题。其实一座旅游城市不差一毛两毛钱，不差一卷手纸，这就是一种公共服务意识的问题。我们很多城市张口就喊国际化，但是如果你旅游厕所连一卷手纸都不能解决，你又怎么好意思谈国际化？抓旅游厕所就是从这些细枝末节入手。所以在去年珠海会议（中国旅游改革发展咨询委员会成立大会）上，我也谈到目前国家旅游局的发展理念，既有大的宏观层面的号召和引领，又有小的微观层面的切入和着力点，我认为这是非常好的，这届领导班子，也是能有大作为的。

孙小荣：去年抓"厕所革命"，今年抓"全域旅游"，但相对而言，旅游厕所更具体，"全域旅游"作为一种新的发展理念或者目标导向，能否落到实处去推进，尤其是在短时间内见效，业界现在有不同的看法。

周玲强："全域旅游"这个理念，实际上浙江省10年前就在倡导，杭州提这个理念更早一些。现在作为全国推广的一种发展模式，正如李金早局长所说，就是期望改变景区内外两重天的传统发展模式。过去的观光模式是目的地导向，现在体验模式是过程导向，现在流行一句话说是"到哪里不重要，沿途的风景和跟谁在一起很重要"，这说明了人们旅游方式和诉求的一种改变。杭州老早就提出要实现"全城旅游"，其实就是全域旅游的概念。当时杭州提出要建国际旅游城市，我1997年写硕士论文的时候，还专门用了一句话，就是这个城市不以景区景点作为亮点，它是一个没有景点的旅游城市，但是这个城市处处可游玩。什么概念呢？整个城市就是一个风景区。

尤其是休闲度假旅游，它是不完全依靠景区的。世界上公认的五大热带亚热带海岛海滨度假旅游目的地，比如北美人一般都是在加勒比沿海度假，欧洲人基本都在地中海沿海度假。度假不是属于那种远距离的，跨区域的，因为长距离去度假是很累的事情，度假一般来说是都是就近的，而且是多频次的，具有游客忠诚度的特征。这就要求度假目的地要打造一个非常良好的环境，空气质量好，景观质量好，配套设施全，社会服务好，包括本地人的好客度也要好，所有的服务水准都在一个很高的层次上。这个就是我们全域旅游现在要做的，从观光旅游向休闲度假旅游转变，可以说这是对新市场需求、趋势的一种呼应和对接。

孙小荣：现在大家关心还是怎么样把"全域旅游"落地，因为我一直在各地跑，跟各地旅游局、景区和企业的人交流，都会谈到"全域旅游"的话题。我们有个特点，就是提出一个东西，各地都一拥而上，大致上分为三类：一类是具备全域旅游的条件，一类是不具备条件但可以努力朝这个方向去发展，还有一类纯粹是凑热闹，它不管是资源条件，还是其他条件都不具备发展把旅游作为核心产业来推动。我认为不管是旅游，还是度假，大前提还是脱离不了以优质资源为核心吸引力，有些地方它就不具备发展旅游的核心吸引力和资源禀赋，才刚刚开始"无中生有"地造旅游产品，它也喊全域旅游，我认为这很不靠谱。

周玲强：不可否认，的确存在这种现象，所以，发展旅游还是要从各地的实际情况出发，我们常说发展要"因地制宜"，虽然这是句老话，但老话它就是道理，就是常识。比如我去西部有些地方考察调研，过去他们领导不重视旅游，现在开始重视了，要求省市县全面改革成立旅游委，然后做大规划，引进大项目，实际上缺乏市场支撑，就是市场条件不成熟，有些发展是政府层面一厢情愿的。所以，我现在也有种担忧，再过个三五年，如果旅游搞不起来，或者说回报不理想，这些地方发展旅游的积极性就会受到严重挫伤。这倒是其次，重要的是由于旅游对当地核心的历史人文资源和自然生态资源的依赖性，那么一旦市场起不来，产业起不来，投资收不回来，也就意味着之前大兴大建的项目对这个地方的文化生态和自然生态造成了破坏，同时大拆大建也会导致当地各种资源的浪费。现在各地发展旅游是势头和氛围像星星之火一样开始燎原起来了，这是一个很好的局面，但是各地根据自身的实际情况得冷静地、理性地思考，还是要因地制宜，因市制宜，这市就是市场条件。

孙小荣：去年41亿的国内游，旅游总收入突破4万亿元，1.2亿的出境游，增幅分别达到10%、12%和12%，增长空间还非常大。今年"两会"李克强总理的政府工作报告中，也对发展旅游业做了重点论述，各地的政府报告和"十三五"规划，也给旅游业发展更多的要求和表述，从整体是市场需求势头和政策方面来看，目前这种发展全域旅游的氛围还是非常好的。

周玲强：旅游业"黄金时期"已经到来。不仅中央政府重视，很多地方的高层领导都非常重视，你像我们浙江省输出了一个领导陈敏尔，你应该知道，现在是贵州省委书记，他说了一句话，好像是"不会搞旅游的书记不是好书记，不能做旅游的市长不是好市长"。这句话跟我们当年的杭州市委书记王国平是一样的说法，他在杭州的那10年也是杭州旅游发展的黄金周期，让杭州从一个国内著名的旅游休闲城市，通过各方面的作为和建树，现在成了一个国际知名的旅游城市。

我认为未来中国旅游还会在一个相当长的时期走以政府主导为推动的发展模式，所以"515战略"也好，"全域旅游"也好，这个纲抓起来之后，中国旅游发展肯定会越来越好。从相关的产业看，也是这样。昨天我去参加一个企业的董事会，他们原来是做地产的，现在不敢随便拿地了，我对他们说积压的项目如果转型做文化旅游项目，这个前景相对而言就比较好，这也是当下地产企业转型的一个切入点和方向。从这两年海南很多楼盘的转型也可以看得出来，地产开发商建好的楼盘不好卖了，怎么办？赶紧转型吧，跟旅游，跟文化相结合，搞一个比如说自驾车营地、养生养老中心、主题酒店、度假公寓短期租赁等，把这些新业态融进去，就能够实现价值的转换，最起码不会成为烂尾楼，或者大量闲置了变成"鬼城"。我相信通过全域旅游建设也好，通过社会各种方面的资本进入也好，旅游的基础设施，包括它的服务体系会越来越完备。

孙小荣：杭州是较早倡导全域旅游发展理念，也是全国首批全域旅游示范区之一，我这次到杭州的目的之一，就是去看看桐庐的全域旅游发展。我记得2003年的时候，西湖景区在全国率先实行免门票，那个时候我还在上学，连穷游的机会都很少有，但听到这个消息也挺兴奋。现在13年过去了，西湖免门票成为影响中国旅游发展标志性事件之一。今年"全域旅游"在全国兴起之后，西湖免门票又被业界和媒体往事重提，讨论这个决策的前瞻性意义，还有对杭州整个城市发展带来的综合拉动价值。能否分享下您理解的杭州全域旅游发展的经验或者模式？

周玲强：杭州率先发展全域旅游，一个是这座城市具备全域旅游发展的基础，不管是城市，还是郊区，也不管是人文还是自然积淀，资源都非常丰厚，在分布上也比较均衡，人常说"上有天堂，下有苏杭"，唐宋以来，苏东坡、白居易等这些历史人物在杭州都有建树，包括西湖的苏堤、白堤，就是因为疏浚西湖时挖出的土方堆起来变成了两条堤，杭州旅游是有历史基因和积淀的。另外一个，就是杭州的领导人懂得"因地制宜"，重视旅游业的发展，很多老大难的问题，老大一重视就不难了。

2002年我们团队帮助杭州市做完了雷峰塔的恢复建设项目，时任省委秘书长王国平是这个项目领导小组的组长，工程完成后，他就到杭州市来当书记。他上任后，就召集我们开研讨会，主题是探讨杭州旅游的未来发展，怎么让杭州的城市知名度和美誉度更好更响更亮呢？杭州这座城市以西湖为魂，西湖是杭州的金名片，但当时存在很多问题，比如说整个湖岸不畅通，各种势力割据，有部队单位、中央机关、省一级政府等很多机构各占一块好地方，环湖有许多地段不对老百姓开放。当时我们提出三条建议：一要"还湖于民"，但是西湖不打通，很难说这个湖是老百姓的；二是不收门票，西湖边上大概有十多处景点，过去都是收门票的；三是规划设计杭州的夜生活，丰富夜游产品和夜间消费商业，让游客留下来，有更多的消费体验。

孙小荣：前两条建议涉及各方利益，都是伤筋动骨的事，操作起来非常有难度。类似的问题，在其他地方我也遇到过，也是当前发展旅游最大的阻碍因素，各地旅游部门的领导面对这些问题也是一筹莫展。

周玲强：没错，但是王国平书记是一个非常有胆识和魄力的领导，他听了建议后，提了个要求，免门票以后，不能让政府背负太大的包袱。后来这个建议升格为西湖综合保护工程的实施方案，然后他拿着这个方案四处游说，让部队机关、中央部门和省级单位等机构，把西湖的那些地方让出来，他很有能耐，各部门也配合，这事儿竟然就做成了。然后再说免门票，一次全免不可能，试点几个景点免总可以吧，于是就做了试点。西湖南线挨着雷峰塔有"柳浪闻莺""老年公园"，

"少儿公园"三个景点，当时都收门票，尽管收费不多，记得柳浪闻莺当时收 5 块钱，少儿公园和老年公园各收 2 块钱，有一道门票就是一道坎，平时进去的人相对没那么多，里面有简陋的商铺，就是喝茶、吃面条和点心、卖饮料等，基本没人去消费。把门票的门槛拿掉之后，进入的人流增长，就会带动商业增值，可以弥补门票的损失。我们就拿这三个景点做试点，2002 年的门票收入大概是 600 万。经过一年的试点，完善服务设施，做商业消费设计等，结果还算争气，三个景点的商业收入增值部分达到了 700 多万，不仅抵消了 600 万的门票收入，账面上还赚了 100 万，没有给政府背包袱的要求实现了。时任浙江省委书记习近平同志指出，西湖综合保护工程是德政善举、得民心之举。

效果好，效益也好，就没人挑毛病，各方都很支持。于是在 2003 年推行第二批 7 个免门票景点，花港观鱼、曲苑风荷、花圃等，当年这 7 个景点的门票收入是 3000 万，但试行一年后，商业租金增值没达到 3000 万，当时还真有一些利益相关的部门说这帮秀才给我们出了个"馊主意"，门票没有完全抵补回来，还让政府还背了包袱。王国平书记还是很给力的，他说很多事情不要马上下结论，再看一看。当时我们同步推"全域旅游"的概念就出来了，做推广宣传，引导更多旅游者到杭州来放慢脚步体验慢生活。当时不是有句话叫作"走得太快了，灵魂跟不上脚步"，杭州西湖景区不收门票，你不要那么急着进去，也不要急着出来，放慢脚步以后好好游玩。游客一慢下来，游历的时间就拉长了，它自然会产生更多的消费。这也更加坚定了杭州做全域旅游的信心，西湖就成了一个没有围墙、全域开放的休闲旅游度假区。

过去收门票，不管是市民，还是游客，进西湖大多是自带干粮，方便面、矿泉水、饼干等，累了饿了渴了就在里面找个地方，铺块塑料布，或者干脆席地而坐开始吃喝。现在基本上看不到那种景象，商业业态设计很丰富，应有尽有，大家还是希望能有个干净、整洁的场所用餐。当然，更关键的是，现在的游客比10年前更有钱，消费观念和品味不可同日而语。

孙小荣：后来推出了《印象·西湖》，加上歌舞剧《宋城千古情》，构成了杭州夜游的两大核心品牌，提升了游客留在杭州过夜的吸引力。

周玲强：实际上除了《宋城千古情》和《印象·西湖》，围绕西湖还设计了很多小型的文化演艺，比如东坡剧院的滑稽剧等。我们当时设计夜游项目规划的时候，分成三个时间段。首先是看演出，这是留住游客的一个很好的理由，看完演出大概才9点多，夜未央，人游兴还未尽，那怎么办？男生去"酒吧街"，女生去"女装街"。我们杭州是一个"女装之都"，比如"三彩"、"秋水伊人"、"喜得宝"、"江南布衣"等，大概有20多全国知名女装品牌，所以，我们设计打造了一条"女装街"，很受女性游客的青睐。逛完了酒吧街、女装街，大概晚上11点左右，累了就回酒店，还想玩的游客怎么办？还有KTV、足疗康体、影院等项目。

我们做过一个调研，韩国人最喜欢杭州的地方就是喝酒，喝完酒以后去唱歌，唱歌唱完去泡脚，构成了韩国人在杭州的三部曲。据说中国那么多旅游城市，他们觉得最好、最有吸引力的是杭州。还有"胡庆余堂"、"方回春堂"、"天禄堂"等百年老字号中医药文化，老外感到古老而神奇，店铺里那么高大的一面墙上装很多小抽屉，打开一个小抽屉，从里面抓一点花花草草出来，说能够治百病。一根银针扎入肌肤，立马神清气爽，所以老外感到特别神奇。

2003年，我们请了很多外国专家来考察研讨，他们认为杭州表现出来最大文化差异性就是"东方文化"和"东方审美"，这是中国文明对他们的一种感召力。这个启发让我们对城市要素资源转化成旅游产品，对全域旅游的资源观有了更深的认知。包括农贸市场，老外都觉得很新奇，因为他们平常都是去超市买东西，各种包装好的蔬菜水果、鸡鸭鱼肉都已分割好且打好价码，刷卡打包就带走，很多老外都没见过活鱼活虾，买东西都很少开口说话。但在中国的农贸市场，什么都是新鲜的，还有很多活物，中国人买卖还有讨价还价，西方游客感到很新奇。其实，这也是一种文化差异。因此我们就把对老外有吸引力的中医药馆、农贸市场、居民社区都包装成社会资源参观点，向外国游客开放，创新了景区景点的外延。

孙小荣：所以，我认为全域旅游，不一定要去人为地"打造"很多高大上的项目，设计很多看起来很美的产品，往往当地最原生态的要素，最本真的生活状态，或许正是游客想要的一种差异化体现。

周玲强：文化的差距越大，它越产生吸引力。再比如说东方美食、餐饮这块，杭州这些年也做出了一些贡献，比如"杭帮菜"，这也是我们杭州一大发明，原来"八大菜系"里是没有"杭帮菜"的，但杭州就是这样，它会主动做一些创新的东西，通过博采众长、本土化改良，做出自己的品牌。粗菜细作，装修考究，价格便宜，味道又好，这是"杭帮菜"的特点。现在很多杭帮菜品牌已经全国连锁，并走向海外了，也算是杭州的自主创新品牌输出。

孙小荣：您认为杭州全域旅游的发展经验有哪些？

周玲强：杭州的全域旅游发展，实际上还是一个不断探索、不断积累的过程。我认为在这个过程中，实现了三大效应：一个是主客共享，杭州西湖大概有 71 个旅游景点，73% 的景点都实现免门票，平时这座城市属于杭州市民，节假日、黄金周外来游客大量进入，这座城市又属于游客。我们算过，大概是免掉 1 块钱的门票，能带动了 7 块钱的综合消费，这个拉动效应是非常明显的。但杭州西湖免门票的经验不能够全国推广，我认为它只是为我们旅游发展提供了一种开放式、共享式发展的可能。第二个是城旅共融，发展全域旅游其实是对整个区域发展要素的整合和环境的优化，包括城市软硬件设施的完善，交通体系、城市绿化、服务水准、商业布局、市民的文明好客、智慧体系建设等，都会实现综合的拉动和提质增效。第三个是城市美誉度的提升，杭州这些年大力发展旅游，的确对这座城市的知名度和美誉度有了很大的提升，这是有目共睹的，现在旅游成了这座城市的金名片，一说起杭州，外地人首先想到的是旅游；说起旅游，在很多人意识中杭州也是必然存在的备选项。

所以，主客共享、城旅联动、美誉度提升，这大概就是杭州在摸索全域旅游发展过程中形成的三条主要经验，或者说是收获的成果吧。

祝善忠
世旅大会聚焦世界旅游可持续发展

2016 年 5 月 18 日至 21 日，由中国率先倡议，并主导推动的首届世界旅游发展大会在北京举办，这不仅是中国旅游发展史上划时代的标志，更是世界旅游发展的转折点——中国旅游的崛起将改变世界旅游发展格局，主导世界旅游话语权，传播中国好声音。会议期间，联合国世界旅游组织执行主任祝善忠接受【小荣说】独家专访，此文为访谈内容，在此一并收录作本书结篇。

访谈时间：2016 年 5 月 1 7 日
访谈地点：北京·国贸大酒店
访谈人物：联合国世界旅游组织执行主任 祝善忠

🎙 精彩观点

▶ 什么是"发展权"？我认为，只有和谐才能有发展的好环境，只有融合才能有发展的大空间，只有包容才能有发展的聚合力。

▶ 旅游业不仅仅是一个经济产业，更重要是一个社会活动，是一种文化情感互通的和平力量，它以和平交往的方式推动区域与区域、国家与国家之交的友好交流，实现世界的和谐、融合、包容发展。

▶ 旅游发展的"中国经验"和"中国模式"，尤其是值得发展中国家和欠发达地区研究和学习。现在都是大项目、大投资，一旦定位不准，市场回报不好，损失也是非常惨重的，所以旅游发展要更加谨慎。

▶ 我认为"政府主导"、"敬业精神"、"资本驱动"，这三条是比较突出的"中国经验"。还有比如说旅游扶贫，中国旅游要承担全国 17% 的脱贫任务，"中国旅游扶贫模式"就值得研究、借鉴。还有旅游市场监管，这也是很多国家都面临的一个难题，值得探讨和交流。

▶ 这届世界旅游发展大会的主题是"旅游促进和平发展"，有三个核心议题：一个是旅游促进可持续发展，一个是旅游消除贫困，一个是旅游促进和平，这跟联合国《2030 年可持续发展议程》是直接相关的。

▶ 旅游规划必须按照国家整体发展战略的要求，符合旅游业的未来发展趋势，比如说新型城镇化、全域旅游等，把方方面面的要素都包容进去，尤其是在多规合一的趋势下，旅游规划是个包罗万象的综合性规划，这样的规划要落地执行，往往是伤筋动骨、牵涉各方利益。这就需要地方政府的高度重视和谨慎求证，要有一个保障机制，不能领导一换，就要重做规划，这种折腾会造成资源、资金等各方面的浪费。

孙小荣：上次我采访您，是在 2014 年，我们主要谈的是中国旅游的国际营销。我记得您说过，"中国旅游要在世界旅游格局中拥有更多话语权，成为主导世界旅游业发展的重要力量"。首届世界旅游发展大会在中国召开，可以说实现了您的这种期许，这个转变是非常快的。我们该怎样看待当下世界旅游的发展态势？

祝善忠：当前世界经济增长的恢复整体缓慢，可以说不是很理想，这是各个国家都面临的一个问题。但是世界旅游业在强劲地增长，成为世界经济发展新活力。旅游业不仅仅在中国"一枝独秀"，在全世界也是如此，所以，现在各个国家都很重视旅游业的发展。

从经济贡献来看，世界旅游业产值已经占到全球 GDP 的 10%，占到服务业的 30%；从推动就业来看，每 11 个人当中，就有 1 个人直接或间接从事跟旅游相关的职业；从投资来看，大量的社会资本进入旅游市场，这个现象在中国尤其表现明显。我分管世界各国的旅游技术合作，现在经常去非洲，非洲旅游起步晚，交通设施、服务水平等基础都不是很理想，但是非洲各国政府对旅游业的发展比较重视，都在投资开发旅游项目。未来，非洲旅游会逐渐地成为世界旅游的一个热点市场，将对非洲社会经济发展产生积极的带动效应。

孙小荣：中国、南非、巴西、印度等发展中国家快速崛起，正在改变世界发展格局。在决议《2030 年可持续发展议程》时，发展中国家代表强调"发展权"，而首届世界旅游发展大会也在强调落实《2030

年可持续发展议程》，以旅游促进和平与发展。

祝善忠：这个议程是联合国今年才出台生效的，并将 2017 年定为"国际可持续旅游发展年"，因为在《2030 年可持续发展议程》的 17 个发展目标中，有 3 项是跟旅游业直接相关的，比如消除贫困、健康的生活方式、和平可持续发展等，从议程对旅游的重视程度也可以看出，推动世界旅游发展是各国代表共同的声音和意愿。

什么是"发展权"？我认为，只有和谐才能有发展的好环境，只有融合才能有发展的大空间，只有包容才能有发展的聚合力。旅游业不仅仅是一个经济产业，更重要是一个社会活动，是一种文化情感互通的和平力量，它以和平交往的方式推动区域与区域、国家与国家之交的友好交流，实现世界的和谐、融合、包容发展。

首届世界旅游发展大会在今年举办，等于是为 2017 年"国际可持续旅游发展年"提前揭幕。这次大会对于中国旅游而言意义非凡，对于世界旅游而言，也具有里程碑式的意义。

孙小荣：中国享有主办国的优势，表现在哪几个方面？

祝善忠：首先是中国的国际地位和中国政府重视。中国已经成为世界第二大经济体，中国政府能够着眼于全球，为世界旅游的发展做出积极的思考和贡献，能够主动倡议，并推动首届旅游发展大会顺利举办，我认为这个是前提。

第二个是中国旅游对世界旅游做出了积极贡献。2015 年全球出境游人数是 12 亿人次，中国就贡献了 1.2 亿，占到了 10%；中国旅游消费规模已经多年保持全球第一位，而且大大超过美国、德国等排在第二位、第三位的旅游消费国。全球旅游业的增长连续五六年是 4% 左右，但中国旅游增幅这几年都在 10% 以上。去年全球净增境外游客 5000 万，1/5 是中国游客。中国游客的出境规模和消费能力还在持续增长，世界都看好中国旅游市场。

联合国世界旅游组织秘书长塔勒布·瑞法依在各个场合都在说，如果没有中国旅游这么快的发展，世界旅游业不可能像今天这么好，中国游客为世界经济发展带来了强劲动力。所以，把首届世界旅游发展大会放在中国召开，得到了各国代表的积极响应和支持。

第三个是世界关注中国旅游发展的创新模式和经验。中国旅游为什么发展得这么快？中国游客有哪些消费喜好？这是世界旅游同行都非常好奇的事情。我现在参加各种会晤交流，有些国际同行就明确要求我给他们介绍中国旅游，他们对中国旅游的发展模式、中国游客的消费行为习惯、旅游市场的特点等都很感兴趣。

旅游发展的"中国经验"和"中国模式"，尤其是值得发展中国家和欠发达地区研究和学习。现在都是大项目、大投资，一旦定位不准，市场回报不好，损失也是非常惨重的，所以旅游发展要更加谨慎。像非洲这样旅游起步比较晚的地区，中国旅游的经验能够给他们提供一些参照和借鉴，避免在旅游发展过程中走弯路。

孙小荣：您认为中国旅游的发展经验，有哪几个方面比较突出？

祝善忠：我的理解，首先还是"**政府主导**"。任何一个行业如果缺少行政主管部门的有力推动，发展起来都比较难。中国旅游在30多年快速发展的过程中，旅游主管部门有高瞻远瞩的发展战略，也有脚踏实地的发展路径，营造一种良好的节奏感和秩序感。这两年又开创了旅游发展的新格局，比如在产业促进、旅游投资、旅游扶贫、旅游市场监管、旅游服务提升、智慧旅游体系建设、全域旅游等方面都成效显著，这些探索和实践都值得肯定和借鉴。

再比如政府主导的招商引资模式，过去招商引资要做项目资料，要给优惠条件，要搞项目推介，定项、定人、定指标。国外在招商引资方面比较松散，也没有这个力度。但要想拿到大投资、好投资，我认为中国的招商引资模式还是可以借鉴的。

其次，我认为是中国旅游人的敬业精神，对旅游事业葆有一腔热血。我经常在微信朋友圈和一些场合，看到你们年轻人很活跃，能够持续地关注、研究旅游业的发展，把它当作一种事业来做，有活力、有想法、有干劲，肯为旅游发展付出，这种敬业精神是非常难得的。我跟你这般年纪的时候也是这样，那个时候的旅游环境和现在不可同日而语，但也是一腔热血、有冲劲儿，想把什么事儿都做到极致。我认为，一代代人身上这种爱旅游、肯敬业的精神，是推动中国旅游大发展的原动力。现在你们年轻人开始在旅游领域尝试自主创业，这些创业经验也可以跟其他国家的青年创业者进行互动交流。

再次，中国旅游的投资和项目运作模式，也值得世界相关国家借鉴。近几年是大量社会资本进入旅游业的高峰期，很多有资本实力的商人发现了旅游的潜力，不仅仅是在国内投，还走出去在海外投。我认为这股投资热潮还会高涨，这个"雪球"会越滚越大，在这个过程中，中国旅游企业也摸索、积累了丰富的投资和运营经验，值得相关国家来学习。同时，可以借此机会进行跨国、跨区域的项目洽谈、资本对接和管理模式交流。实际上，没有资本浪潮的驱动，中国旅游也不会发展这么快。

我认为"政府主导"、"敬业精神"、"资本驱动"，这三条是比较突出的"中国经验"。还有比如说旅游扶贫，中国旅游要承担全国17%的脱贫任务，"中国旅游扶贫模式"就值得研究、借鉴。还有旅游市场监管，这也是很多国家都面临的一个难题，值得探讨和交流。总之，中国旅游在细分领域有很多好模式和好经验都值得与世界分享。

孙小荣：我比较关心首届世界旅游发展大会将围绕哪些核心议题，解决世界旅游发展目前存在的哪些问题，最终达成一个怎样的共识？

祝善忠：我认为首先要解决可持续发展的问题。局部地区的旅游开发存在急功近利、竭泽而渔的现象，看重眼前利益，不考虑长远发展，以工业化的思路搞旅游项目开发，这种粗放的发展模式，会造成环境破坏和资源的消耗。这个现象在其他国家也存在,所以联合国才强调"可持续旅游发展"。

这届世界旅游发展大会的主题是"旅游促进和平发展",有三个核心议题:一个是旅游促进可持续发展,一个是旅游消除贫困,一个是旅游促进和平,这跟联合国《2030年可持续发展议程》是直接相关的。

首先是强调可持续,旅游的特点是对资源依赖性大,跟人类的生活方式紧密相连,跟其他产业的关联度、融合度高,这就更加要求旅游业必须实现可持续发展。第二个是强调消除贫困,中国叫"旅游扶贫",旅游业的发展能够带动就业,尤其是能够带动经济欠发达,但自然和文化生态保持良好的偏远地区的居民实现就地就业,叫"离土不离乡",农民可以不用耕种土地,但不会背井离乡去城市打工,在家门口通过参与旅游就业实现脱贫。第三个是强调和平,旅游的发展历程告诉我们,没有和平就没有旅游,中国旅游大发展乃至全球旅游的这种融合,都是得益于二战以后相对和平的国际环境。而旅游的双向互动,增进彼此了解,可以人文交流带动经贸合作,建立友好的外交关系,所以,习近平总书记强调"国之交在于民相亲",旅游是和平的力量。

围绕这个三个议题,参会各国的旅游部长和专家代表会展开深度的研讨交流,经验碰撞,相互借鉴,达成一种可持续发展的共识。然后立足本土,放眼全球,推动区域合作,甚至跨区域的协作响应,共享发展红利,进一步推动签证便利化,推动世界旅游更加开放、包容,更加可持续发展。

孙小荣：今年，联合国世界旅游组织专家在帮山东省做全省旅游发展规划，这也是跨区域、跨学科的一种协作，像这种借国际专业外脑来做本地旅游发展规划，会不会成为一种趋势？

祝善忠：在全球一体化时代，中国旅游跟国际旅游联系越来越紧密的趋势下，组建国际化专家团队做全省全域的发展规划，我认为很有必要，但也要注意几个方面：

第一个是智慧融合，就是本土思维跟国际观念的融合，既要有外脑参与，也要有中国专家把脉，因为外国专家对中国不了解，存在文化的"水土不服"，需要跟中国专家碰撞。中国专家需要解放观念，吸取一些国际先进的理念和经验，在协作的过程中，形成一种优势互补，做出的规划才具有战略前瞻性和落地实操性。所以，山东规划专家组，既有国际专家，也有中国专家，而且是多学科的，他们都是各自学科领域的佼佼者。我认为，这是一种比较理性的、多元融合的机制保障。

第二个是可持续。再好的规划都要有好的执行团队做保障。专家顶层设计规划文本做好，不代表规划就完成了，更难的是落地执行。很多规划难落地，不是规划本身有问题，而是执行团队不能保证规划落地。所以，世界旅游组织专家委员会做得更多的工作是对当地执行人员的培训，在理念、技术、项目运作等层面进行专业的培训和指导，只有让执行团队的专业技能和素养与规划顶层设计的理念保持高度统

RONG

SHOW

小荣说 · 书目

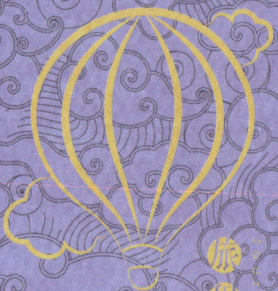

读一本好书是一次最好的旅行

大象群
Elephant Parade

永不停息的创意灵魂

一，旅游规划才能实现可持续落地。

第三个是机制可持续。现在的旅游规划，必须按照国家整体发展战略的要求，符合旅游业的未来发展趋势，比如说新型城镇化、全域旅游等，把方方面面的要素都包容进去，尤其是在多规合一的趋势下，旅游规划是个包罗万象的综合性规划，这样的规划要落地执行，往往是伤筋动骨、牵涉各方利益。这就需要地方政府的高度重视和谨慎求证，要有一个保障机制，不能领导一换，就要重做规划，这种折腾会造成资源、资金等各方面的浪费。山东旅游发展好的原因就是领导重视，省长郭树清亲自牵头主持、部署工作。国际旅游组织早在 2000 年就给山东做过一个整体规划，后来又做了一个海滨旅游专项规划，山东旅游现在发展的格局和态势，跟这些规划的落地实施是有一定关联度的。

孙小荣：作为一位联合国世界旅游组织的中国籍领导，您对首届世界旅游发展大会在中国举办，有怎样的感悟？

祝善忠：中国旅游业经过 30 多年的发展，从吃喝玩乐这种非常狭隘的旅游形态，走到今天这么大的规模和影响力，是我们这一代人没有想到的。而现在正值旅游业发展的最好时期，中国旅游潜力无限，30 年以后又会成为什么样子，现在也是难以想象。作为一个经历者，也是个见证人，我希望中国旅游发展越来越好，更希望在和平、可持续的主题引导下，旅游业在消除全球贫困方面做出更大贡献，推动全人类走向共同富裕，平等地享受幸福生活！